다시보는 체 게바라, 말콤 X, 그리고 사파타

성장환 저

교육과학사

머리말

오늘날 우리 사회에 혁명이라는 말이 넘쳐난다. 4차 산업혁명, 촛불혁명, 디지털혁명, 교육혁명, 과학혁명, 의식혁명, 미디어혁명 등 우리 주위에서 혁명이라는 말을 쉽게 들을 수 있다. 본래 혁명이란 기존체제를 근본적으로 변화시키기 위해 피지배계층이 비합법적인 방법으로 지배계층을 몰아내는 것을 말한다. 그런데 최근에는 혁명이라는 말이 문제가 있는 부분을 합리적인 방법을 통해 과감하게 뜯어고친다는 의미로 사용되고 있는 것 같다.

1987년 민주화 이후 우리 사회의 잘못된 제도, 관행, 그리고 의식 등이 바람직한 방향으로 많이 변화되었다. 그럼에도 불구하고 아직도 구태를 벗어나지 못한 정치권의 오만과 독선, 심화되고 있는 빈부격차 등 바뀌어야 할 문제들이 여전히 산재해 있다. 이러한 심각한 문제들이 약화되거나 해소되지 않는다면 다시 본래의 혁명이 필요한 시기가 올지도 모른다.

수년 전 방문한 필리핀의 한 식당 벽에 체 게바라의 사진이 붙어 있었다. 마르코스 독재정권을 민중혁명으로 종식시킨 필리핀이었기에, 이제 체 게바라와 같은 혁명가는 더 이상 필요없을 것이라 여겼다. 하지만 최근까지도 그를 존경하고 따르는 사람들이 많다는 얘기를 들었을 때 아직도 필리핀에는 체 게바라와 같은 혁명가가 필요하지 않을까라는 느낌이 들었다.

알다시피 필리핀은 제2차 세계대전 이후 1960년대까지 동아시아에서 일본에 이은 두 번째 경제부국이었다. 그러나 마르코스의 장기 독재에 따른 부정부패로 경제는 정체상태에 빠졌고, 지금까지도 빈곤과 불평등, 부정부패, 낮은 수준의 제조업, 낙후된 농업 등으로 어려운 국면을 맞고 있다.

스파이크 리 감독의 〈말콤 X〉(1993년 작)라는 영화, 알렉스 헤일리의 저서 『말콤 엑스 상, 하』(김종철 외 역, 1993년) 그리고 제임스 콘이 집필한 『맬컴 X vs. 마틴 루터 킹』(정철수 역, 2005년) 등의 책을 읽으면서 말콤의 삶에 대해 관심을 가지게 되었다. 말콤 X는 미국에서는 드물게 이슬람교 신도로서, 백인들로부터 온갖 차별과 멸시를 받고 있던 흑인들의 삶을 바꾸기 위해 앞장섰던 혁명가이다.

얼마 전까지만 해도 일부 비판자들이 말콤 X를 폭력적이고 위험한 인물로 소개하기도 했다. 하지만 견고한 백인 중심 사회구조와 제도 하에서 차별받았던 말콤의 폭력대응 주장은 일면 백인들의 폭력에 저항한 정당방위적 수단이었다고 할 수 있을 것이다. 말콤 X도 마틴 루터 킹 못지않게 보다 나은 흑인의 삶을 위해 헌신한 걸출한 사람으로 평가할 수 있다. 말콤의 생을 조명해 봄으로써 미국 사회의 흑백차별이 얼마나 뿌리깊게 자리잡고 있는지, 그리고 이러한 차별이 얼마나 없애기 어려운 것인가를 확인할 수 있을 것이다.

에밀리아노 사파타는 1910년에 시작된 멕시코혁명에서 빼놓을 수 없는 인물이다. 1980년대 후반 필자는 잠시 미국 뉴올리언스에 유학한 적이 있다. 뉴올리언스는 멕시코와 비교적 인접한 곳이라 이곳 대학들은 멕시코를 포함한 중남미 관련 연구에 상당한 성과를 내고 있다. 이러한 연유로 필자도 멕시코에 관심을 가지게 되었고 멕시코혁명 시기의 농민혁명가 사파타에 대해 흥미를 가지게 되었다.

사파타는 가난하고 핍박받던 농민(원주민)의 땅을 강제로 빼앗아간 대농장주로부터 농민에게 되돌려주기 위해 모든 것을 바친 혁명가였다. 자신도 가난한 민중의 한 사람으로서, 생을 마감할 때까지 혼신의 힘을 다해 빼앗긴 토지를 복원시키려고 지배자에게 항거했던 인물이다.

이 책에서는 혁명가로서 유명한 세 사람을 선택해 이들의 삶을 조명하고 있다. 이 책은 이들처럼 혁명을 통해 세상을 바꾸어야 한다는 의미보다, 이들의 삶을 추적해 봄으로써 현재 우리에게 필요한 시사점을 찾아보는 데에 목적을 두고 있다.

이 세 인물이 활동했던 시기는 당시의 세상을 바꾸기 위해 혁명이 필요한 시기였다. 이들은 세상을 변화시킨 많은 인물들 가운데 특히 가난하고 핍박받던 민중을 위해 자신을 희생했다는 점에서 공통점이 있다. 실천하는 지식인 체 게바라, 뿌리 깊은 인종차별을 없애기 위해 헌신한 말콤, 그리고 부당하게 빼앗긴 농민의 토지회복을 위해 모든 것을 바친 사파타가 이들이다.

철학자 베이컨은 사람이 가지고 있는 선입견을 '우상'이라고 했다. '우상'을 버려야 실체나 참다운 지식을 바로 알 수 있다고 했다. 지금까지 이 세 혁명가와 관련한 국내외 연구물이 많이 나와 있다. 필자는 자료를 수집하고 정리하면서 기존 연구물보다 조금은 더 깊이있는 내용을 보여주려고 했고, 이들에 대해 가능한 한 객관적인 시각으로 서술하고자 노력했다. 하지만 막상 원고를 마무리하고 보니 지금까지 나온 자료들을 정리한 수준을 별로 벗어나지 못한 것 같다. 또한 평소에 가졌던 개인적 '우상'이 필자에게 어느 정도 영향을 미치지 않았나 걱정이 된다.

세상은 뛰어난 혁명가나 사상가의 노력으로 변화되기도 하지만, 보통사람들의 작은 용기와 행동을 통해서도 얼마든지 바뀔 수 있다. 이 책에 소개된 세 인물도 처음에는 평범한 사람들이었다. 이 책이 체 게바라, 말콤 X, 그리고 에밀리아노 사파타에 관심을 갖고 있는 보통사람들의 삶을 풍성하게 하는 데 조금이라도 도움이 되기를 바란다.

이 책이 나오기까지 의미있는 조언을 주신 경북대 김영하 교수님, 부산외국어대 임상래 교수님 그리고 대구교대 정재요 선생님에게 감사를 드리고, 책을 출판해 주신 교육과학사에 고마움을 전한다.

2019. 1

성 장 환

CONTENTS

CHAPTER I_

체 게바라

(Che Guevara, 1928–1967)

Chapter I_

체 게바라(Che Guevara, 1928-1967)

1. 출생과 사회적 환경

1967년 10월 9일 체 게바라(이하 게바라)는 볼리비아 남부의 황량한 마을 라 이게라에서 볼리비아 정부군에 의해 사살되었다. 그의 시신은 비행기로 인근 지역인 바예그란데로 옮겨졌다. 볼리비아정부와 미국 CIA 등 관련기관들이 게바라의 시신을 확인했다. 수많은 기자들이 사진을 찍어 언론에 이 사건을 보도했다. 전 세계 유력 언론들이 게바라의 죽음을 중요 기사로 다루는 바람에 그는 살아있을 때보다 오히려 죽어서 더 유명세를 타게 되었다.

게바라는 1928년 아르헨티나 제2의 도시 로사리오에서 태어났다. 아버지 게바라 린치(이하 린치)는 아르헨티나의 좋은 가문 출신이었으며 상상력이 풍부하고 모험심이 강한 사람이었다. 하지만 겉모습은 화려했지만 실속없는 사람이었다. 대학에서 건축학을 전공했으나 중퇴한 후 물려받은 재산으로 요트조선소에 투자해 사업을 시작했다. 그런데 조선사업이 지지부진하자 회사일을 동업자인 그의 6촌에게 맡기고[1] 다른 일을 찾고 있었다. 당시 린치는 셀리아라는 여성과 막 결혼한 때였다.

게바라의 어머니 셀리아는 아르헨티나를 300년 이상 지배한 스페인귀족의 혈통을 이어받은 명문가 출신이었다.[2] 수도 부에노스아이레스의 가톨릭계 학교를 졸업한 셀리아는 교양과 냉철한 지성을 가지고 있었다. 그녀는 독립적이고 반항적이었을 뿐만 아니라 모험심도 강한 여성이었다. 셀리아는 몽상가적 태도와 이상을 먹고 살던 린치에게 반해 그의 구혼을 받아들였으나 집안의 강력한 반대에 부딪혔다. 이미 임신한 상태였던 셀리아는 가족 몰래 결혼식을 올린 후 린치와 함께 아르헨티나의 시골 미시오네스라는 지역으로 갔다. 린치는 셀리아가 받은 유산으로 이 지역

---

1) 회사경영이 악화되던 가운데 조선소에 화재가 발생해 린치의 투자자금이 모두 날아가 버렸다.

2) 게바라의 막내동생 후안 게바라에 의하면, 그의 아버지와 어머니는 아르헨티나의 지배계급이라기보다 몰락한 부르주아 가문이라고 했다. 지배계급이라면 권력과 돈을 소유해야 하는데 그의 부모는 둘 중 어느 하나도 갖지 못했기 때문이라고 했다(후안 게바라 외 저, 민혜련 역, 『나의 형, 체 게바라』, 2017, 홍익출판사, pp.63-64).

농장을 구입해 아르헨티나의 토속 차 마테 사업을 했다.[3] 하지만 마테 사업도 기대만큼 운영되지 못해 농장을 친척에게 부탁한 후 부에노스아이레스로 다시 돌아왔다.

게바라는 두 살 때부터 발병한 천식으로 평생을 고생했다. 어머니 셀리아가 추운 겨울 게바라를 수영장에 데려간 것이 문제가 되었다고 알려져 있으나, 천식을 앓고 있었던 셀리아로부터 유전된 것이라는 주장도 있다.[4] 게바라의 천식문제는 게바라가족의 삶을 힘들게 했다. 이들 부부는 천식에 좋다는 건조한 사막기후를 찾아 수시로 삶의 터전을 옮겨 다녔다. 그러다 보니 중산층 생활을 할 수 있었던 게바라가족은 점점 경제적 어려움에 처하게 되었다. 새로 시작한 마테 사업도 하향곡선을 그리고 있었다.

이러한 상황과 더불어 이들 가족이 경제적 곤란을 겪은 중요한 이유 중 하나는 린치와 셀리아 둘 다 돈에 대해 현실감각이 없었고 경제적 능력을 훨씬 초과한 생활방식을 고수하려 했다는 점이다. 이들은 자주 파티를 열었고, 마차와 자동차를 가졌으며, 여러 명의 하인을 고용하고 있었다. 여름이면 아르헨티나 부유층이 즐겨찾는 대서양 연안

3) 앤더슨 저, 허진 외 역, 『체 게바라 혁명가의 삶 1』, 열린책들, 2015, pp.59-63.

4) 위의 책, p.64.

어린 시절 체 게바라의 부모와 함께

의 고급리조트로 휴가를 가기도 했다.[5] 게바라 부모의 통 큰 씀씀이는 둘 사이의 성격 차와 함께 나중에 이혼의 원인이 되었다. 게바라는 천식 때문에 9살이 될 때까지 학교를 다니지 못했고, 학교를 다닐 때에도 몸이 아파 자주 결석했다. 그래서 어머니 셀리아가 게바라에게 글을 가르쳤으며 나름의 필요한 지식을 전수했다. 게바라는 어머니로부터 프랑스어를 배웠고 학교에 가지 못한 시간에는 문학, 사회, 지리 등 다양한 책을 읽었다.

게바라는 아버지보다 어머니로부터 더 많은 영향을 받았다. 특히 두 사람의 성격이 아주 닮았던 것으로 전해지고 있다. 어머니와 아들 모두 무모한 일을 벌이기 좋아했으며, 천성적으로 반항적이었고 고집이 셌다.[6] 게바라는 천식을 이겨내기 위해 축구, 골프, 승마, 수영, 럭비, 사격 등을 하기도 했다. 린치는 게바라의 운동과 같은 야외활동이 천식에 좋지 않다고 생각해 반대했으나 아내 셀리아는 아들이 가능한 한 정상적인 생활을 하며 지내는 것이 좋다고 하면서 적극적으로 게바라의 운동을 지원했다.

위에서 언급한 경제적 어려움, 부부의 옹고집 성격과 시

5) 위의 책, pp.70–72.

6) 위의 책, pp.71–72.

각 차이, 그리고 린치의 바람기 등이 부부 간 갈등의 주된 원인으로 작용했다. 이들 부부 둘 다 불같은 성미를 가졌으며 큰 소리를 지르면서 자주 싸워 이들이 살던 동네 알타그라시아에서 모르는 사람이 없을 정도였다고 한다.[7] 린치와 셀리아 둘 다 나름 상식과 지성이 있는 사람이었지만 이들 부부의 성향은 아주 달랐다. 린치는 과정이야 어떻든 결과만 좋으면 된다는 입장을 가진 반면에, 셀리아는 언제나 결과보다 그것을 이루는 과정을 중요시 했다.

린치는 가장으로서 책임을 다하기 위해 가끔 사업을 벌였으나 현실감각이 없는 사람이라 실패하기 일쑤였다. 린치는 결과에 너무 치우친 나머지 일을 벌여놓고도 제대로 처리하지 못한 때가 많았다. 책임감도 적었고 즉흥적이었을 뿐만 아니라 자유분방했으며 허세를 부릴 때가 많았다. 일을 통해 돈을 번 족족 쓰기에 바쁜 사람이었다. 게바라는 가정을 책임져야 할 아버지 린치가 그러하지 못한데 대해 힘들어 했다. 이러한 가정사 문제가 게바라로 하여금 아르헨티나를 떠나 방랑하게 한 원인의 하나일 수도 있을 것 같다.

셀리아는 남편을 위한 내조에는 전혀 맞지 않은 사람이

7) 위의 책, pp.76-77.

었으나 강인하고 집념강한 여성이었다. 셀리아는 자식들에게 말하기를, 옳다고 생각하는 일에는 어려움이 있더라도 도전하도록 가르쳤다. 다른 라틴아메리카 국가들과 마찬가지로 아르헨티나에서도 가진 계층이 갖지 못한 하층 계층을 억압한다는 사실을 인식하게 된 게바라는 어릴 때부터 이러한 정의롭지 못한 것에 저항하는 것이 옳다는 신념을 터득했다. 그녀는 자녀들을 자유분방하게 키웠다. 특히 장남이었던 게바라는 성장하면서 저돌적 성향, 고집, 리더십, 결단력, 끈기, 대담성, 자기규율 등을 체득했는데 이는 대부분 어머니의 성격이나 교육으로부터 영향받은 것으로 보인다.

게바라부부는 사업실패와 잦은 이사 등으로 가정형편이 넉넉하지 못했고 또 부부 간 성격 차 때문에 수시로 갈등을 빚었음에도 자녀들의 교육에는 관심이 많아 상당한 양의 책을 구비하고 있었다. 게바라는 코르도바대학 공학부로 진학해 알베르토와 같은 선배들과 친구처럼 지냈다.[8] 이들은 보통의 가정보다 엄청나게 많은 책을 보유하고 있었던 게바라 집에서 함께 책을 읽기도 했다. 셀리아는 대학생이 된 게바라와 그의 친구들과 함께 정치, 경제, 사회,

8) 후안 게바라 외 저, 앞의 책, p.104.

문학, 철학 등 다양한 분야의 책을 읽으면서 토론하곤 했다. 책과의 만남을 통해 게바라는 세상을 보는 새로운 시각에 눈뜨기 시작했으며, 사회의 부조리에 대해 고민하는 시간을 가지곤 했다.

게바라는 이후 코르도바대학에서 부에노스아이레스 의과대학으로 편입했다. 어느 정도 나이가 되자 게바라는 아버지를 닮아서 그런지 수시로 집을 떠나려 했고 실제로 갑자기 어디론가 사라지곤 했다.

그즈음 아버지 린치는 의과대학을 다니던 게바라를 자랑스럽게 생각하고 있었지만 두 사람 간의 대화는 거의 없었다고 한다. 린치는 집에서 권위를 잃은 지 이미 오래되었으며, 게바라는 집을 포근한 가정으로 생각하지 않았다.[9] 대학을 다니면서 게바라는 아르헨티나 북부지역을 두 차례 여행했다. 여행하는 과정에 자기와 같은 백인들의 삶과는 전혀 다른, 원주민의 비참한 생활상을 알게 되었으며, 세상이 공평하지 못하다는 것을 인식하게 되었다. 또한 그는 고질적인 천식을 혼자서 이겨내면서 여행할 수 있다는 점을 경험적으로 알게 되었고, 더 길고 먼 여행을 할 수 있다는 자신감을 갖게 되었다. 게바라는 여행을 통해

9) 위의 책, p.110.

과테말라를 여행하면서(왼쪽이 체 게바라)

자신의 삶의 의미를 찾아보려고 했던 것 같다.

어머니 셀리아는 게바라가 의과대학을 졸업하여 의사가 되기를 가족 가운데 누구보다도 더 기원했다. 이를 통해 남편의 외도와 고생 등 지금까지 힘들게 살아왔던 자신의 삶을 보상받을 수 있다고 생각했기 때문이다. 하지만 게바라의 여행 시도를 어느 누구도 말릴 수 없었다.

마침 게바라의 선배였던 알베르토의 권유에 바로 의기투합해 라틴아메리카 여러 나라를 여행할 계획을 세웠다. 알베르토는 게바라보다 여섯 살 많았지만 서로 믿고 의지할 수 있는 친구와 같은 사이였다. 알베르토는 코르도바의대를 다닐 때 대학에 존재하던 잘못된 관행을 바로 잡기 위해 동맹휴교를 주장하다가 경찰서에 끌려가는 등 당시 아르헨티나 사회에 대해 비판의식을 가진 진보적 성향의 학생이었다. 알베르토와 게바라는 서로 통하는 점이 많았다.

1951년 12월 게바라와 알베르토는 중고오토바이 포데사를 타고 열망했던 아메리카여행을 떠났다. 물론 당시 게바라는 거창한 혁명가가 되어 정의로운 국가를 세워보겠다는 신념을 가지고, 이를 구현해 보고자 떠난 것은 아니었다. 따분한 의과대학 과정을 벗어나고 싶었고 또 더 큰 세상을 경험하기 위한, 어쩌면 소박한 동기에서 출발했다고 볼 수 있다. 라틴아메리카의 보통사람들은 어떻게 생활하면서 살고 있는가를 알고 싶었고 이들의 일상을 직접 체험해 봄으로써 뭔가 새로운 삶의 계기를 마련하기 위해서였다.

이들은 아르헨티나를 떠나 칠레, 페루, 브라질, 콜롬비아, 베네수엘라, 그리고 미국 마이애미까지 약 8개월 동안 여행하면서 수많은 경험을 했다. 특히 브라질 상파울로의 나환자촌에서 "인간들의 사랑과 유대감은 고독하고 절망적인 사람들 사이에서 싹튼다."[10]는 사실을 굳게 인식하게 되었다.

8개월 여 동안의 여행에서 게바라는 라틴아메리카 민중의 가난, 압제, 질병과 함께 부정부패 정치가, 외국자본의 횡포 등 사회적 부조리를 직접 경험했다. 이러한 체험이 그를 미래의 게릴라, 나아가 혁명가의 길로 변신하게 만든 계기가 되었다.[11] 여행을 통해 그는 만일 위대한 영혼이 세상을 두 개의 적대적 진영으로 나눈다면 그는 민중과 함께할 것을 결심했다.[12] 이처럼 아메리카 여행은 게바라의 진로가 전향적으로 바뀌는 시기였다고 할 수 있다.

---

10) 리우스 저, 이화영 역, 『체 게바라, 생애와 사상』, 오월, 1988, p.13.

11) 미요시 도오루 저, 이수경 역, 『체 게바라 전』, 북북서, 2009, p.61.

12) 체 게바라 저, 홍민표 역, 『모터사이클 다이어리』, 황매, 2012, p.259.

그는 한 도시의 핵심은, 병원의 환자들, 경찰서 수감자들, 길을 가다가 말을 건네는 사람들, 불어난 물로 사나워진 리오그란데 강을 보고 걱정하는 그 행인 속에 들어있다고 했다. 그러면서 하나의 도시를 알기 위해서는 거기에 살고 있는 사람들과의 교감이 필요하다고 했다.[13] 게바라는 여행하는 과정에 틈틈이 가족에게 편지를 보냈다. 여행 초기에는 게바라가 단순한 여행자의 입장이었지만, 이어지는 여행을 통해 사회의 구조적 부조리를 직접 보고 듣고 경험하면서 점차 성숙한 비판자로 변해가고 있음을 가족 구성원들도 느끼게 되었다.

여행 마지막 날 베네수엘라의 나병환자 수용소에 근무하게 된 알베르토와 헤어진 후 게바라는 부모와의 약속대로 의과대학 과정을 마무리하기 위해 집으로 돌아가려고 했다. 그런데 경주마 운송사업을 하던 게바라의 삼촌이 미국 플로리다에 있다는 것을 알고 삼촌이 빌린 전세비행기로 귀국하면 된다고 생각해 게바라는 귀국하지 않고 바로 플로리다로 갔다. 그런데 그 비행기에 중대한 결함이 발생해 수리 후 출발할 때까지 보름 정도 미국에 머물 수밖에 없었다. 이때 그는 미국에서 흑인은 백인보다 훨씬 못한

13) 체 게바라 저, 박지민 역, 『체 게바라 자서전』, 황매, 2005, p.53.

직업을 가질 수밖에 없고, 식당에도 마음대로 출입할 수 없으며 버스에서도 원하는 자리에 앉을 수 없다는 것을 알게 되었다. 냉전체제의 두 축 가운데 하나인 세계 최강국 미국에서 피부색이 다르다는 이유만으로 끔찍한 인종차별이 존재한다는 사실을 경험한 것이 미래 쿠바혁명에 동참하게 된 한 원인이었다고 할 수 있다.

여행을 떠난 지 9개월 만에 게바라는 부에노스아이레스로 돌아와 의과대학에 복학했다. 오랜 공백기에도 무섭게 공부하여 무사히 대학을 졸업해 의사가 되었다. 대학을 다녔던 시기까지 게바라의 '사회의식 형성'에 영향을 미친 계기는 여러 가지가 있겠으나 그 중에서 특히 다음 두 가지를 들 수 있을 것 같다.

첫째, 그의 독서편력이다. 게바라는 히틀러, 러셀, 프로이트를 비롯해 사회비판적 내용의 책을 많이 읽었다. 포크너, 카프카, 까뮈, 사르트르, 휘트먼, 프로스트, 네루다 등의 소설과 시를 읽으면서 같은 시대를 살면서도 게바라가 속한 사회집단에는 거의 알려지지 않았던 것들, 즉 주변화된 인디오와 메스티소[14]의 불평등한 삶 등에 대해 눈을 뜨게 되었다.[15] 이를 통해 그의 주된 관심지역이 유럽이나 미

14) 스페인 백인과 중남미 원주민과의 혼혈인

15) 앤더슨 저, 앞의 책, pp.116-117.

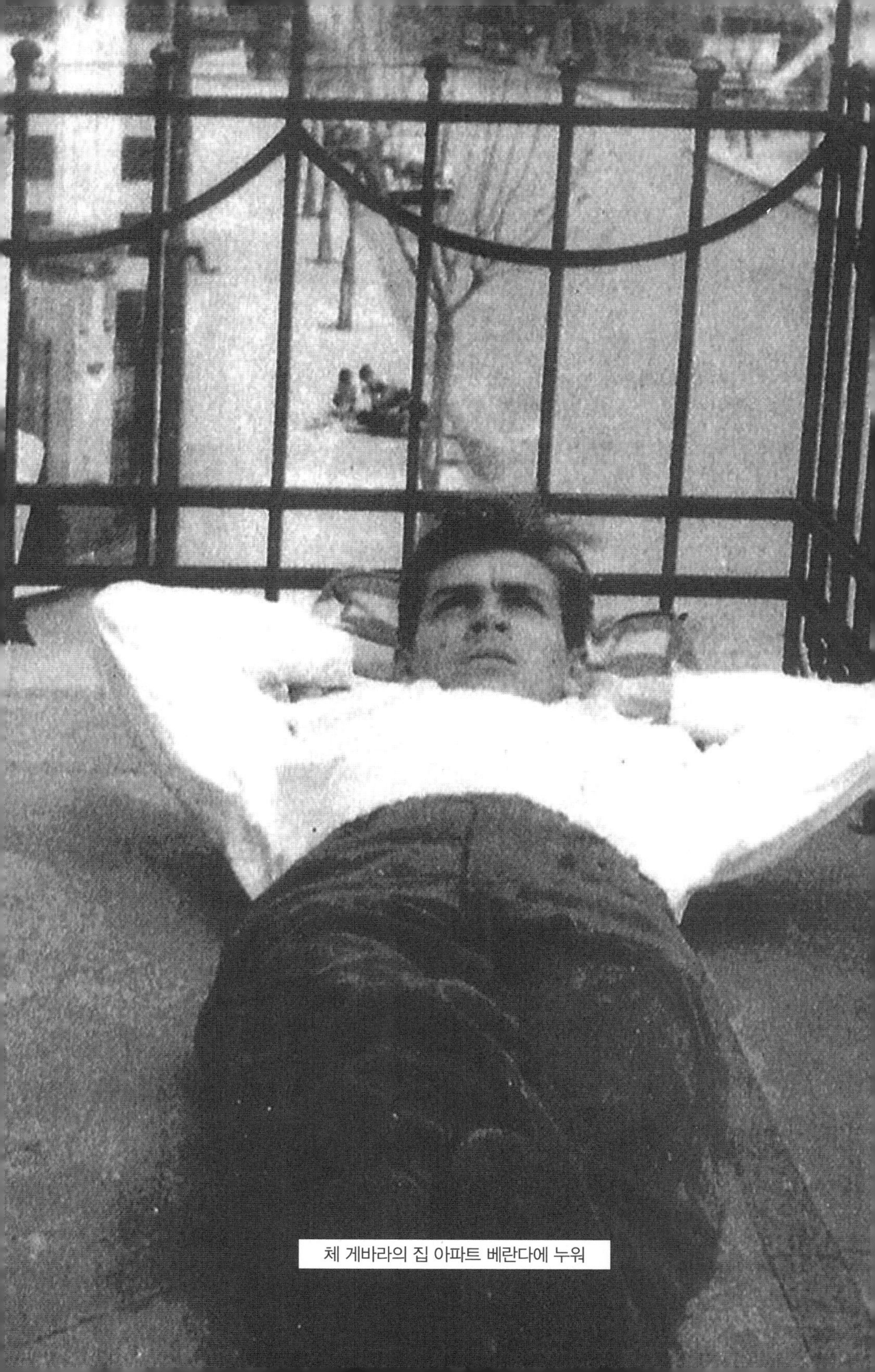

체 게바라의 집 아파트 베란다에 누워

국이 아니라 자신이 뿌리박고 있는 라틴아메리카라는 것을 어렴풋이 느끼게 되었던 것이다.

둘째, 알베르토와 함께 한 라틴아메리카 여행이다. 위에서 언급한 것과 같이, 비판의식이 강했던 알베르토와의 여행은 게바라를 현실에 안주하지 못하게 만든 요인으로 작용했다. 라틴아메리카 여행을 경험하면서, 이 지역 민중의 가난과 질병, 외국자본의 지배, 부패한 권력자 등 각종 부조리 인식이 게바라를 혁명가로 만든 바탕이 되었다고 할 수 있다. 게바라가 알베르토와 여행을 하지 않았다고 하더라도 부당하게 고통받는 민중을 위해 자기희생의 삶을 살 수 있었겠지만 이 여행을 통해 게바라의 인생진로가 확실히 결정되었다고 볼 수 있다.

2. 쿠바혁명

의사라는 직업은 아르헨티나에서도 상류계층으로 올라갈 수 있는 무기였으나 게바라는 명예와 돈을 위한 의사의 삶과는 어울리지 않았던 사람이었다. 세속적인 의사로 살기보다 고통받는 민중을 위해 살겠다는 생각이 점점 더 그를 지배했다. 게바라는 졸업 후 알베르토가 근무하던 베네수엘라 카라카스의 나병원에서 일하기 위해 출국했다. 그런데 게바라는 카라카스로 가는 도중 우연히 로호라는 사람을 만난다. 로호는 아르헨티나출신 변호사로서 볼리비아에 망명을 한 상태였다.

게바라는 알베르토를 만나러 베네수엘라로 가는 도중이었으나 로호의 제안으로 갑자기 과테말라로 가게 된다. 과테말라는 볼리비아보다 먼저 사회주의정권이 수립된 국가였고 당시 사회혁명이 한창 고조되고 있었다. 그래서 게바라가 관심을 가지고 있던 많은 것들을 경험할 수 있다는 로호의 말에 게바라가 설득을 당했기 때문이었다.

과테말라는 스페인의 지배에서 벗어나 1821년 독립했지만 내부적으로는 폭력과 쿠데타로 인해 극심한 혼란상태에 빠져있었다. 다행히 1950년 선거를 통해 정권을 잡은 아르벤스대통령이 국내의 혼란상태를 어느 정도 안정시킨 후 농민들에게 토지를 나누어주는 사회주의식 농지개혁을 실시하고 있었다. 그런데 아르벤스의 농지개혁이 사회주의적 방식이라고 간주한 미국의 강력한 반대에 직면했다. 이러한 상황이 전개되고 있을 때 게바라가 과테말라에 들어간 것이다.

과테말라는 진보정권이 지배하던 나라로서, 당시 멕시

코와 더불어 망명자가 비교적 자유로운 생활을 할 수 있는 국가였다. 라틴아메리카는 크고 작은 여러 국가들로 나뉘어져 있지만 이들 국민 간에는 어느 나라 사람인가 혹은 국경이 어딘가에 대한 의식이 지금보다 뚜렷하지 않았다. 포르투칼의 식민지배를 받다가 독립했던 브라질을 제외하면 거의 모든 국가들이 스페인어를 사용했으며 사람들의 정서나 감성도 비슷했기 때문이었다.[16)]

과테말라에서 생활하게 된 게바라는 처음에는 생활의 방편으로 정글에서 의사임무를 수행하는 정부 공무원이 되려고 했다. 그런데 의사가 되기 위해서는 과테말라혁명당에 가입해야 한다는 과테말라정부의 요구를 거절하고 공무원 의사가 되는 것을 포기했다. 혁명당의 강령이 게바라의 생각과 부합되는가, 부합되지 않는가의 문제 때문이 아니었다. 다른 사람의 강요에 의해서가 아니라 자신의 주체적 의사에 따라 결정한다는 것이 게바라의 삶의 철학이었기 때문이다.[17)] 게바라는 과테말라에서 백과사전 판매원 같은 아르바이트를 하면서 생활하던 중 페루출신 여성 일다를 만나게 되었다. 일다는 대학시기부터 사회주의 운동을 했

16) 미요시 도오루 저, 앞의 책, pp.83-84.

17) 위의 책, p.85.

는데, 1948년 페루에 군사쿠데타정권이 들어서자 과테말라로 망명했다. 대단한 학식을 가진 일다는 여성으로서는 보기 드문 선동가였다. 이미 일다는 과테말라의 좌파세력에게 알려진 인물이었는데, 게바라는 일다를 통해 쿠바출신 망명자 라울, 로페스 등을 만나 결국 쿠바혁명에 가담하게 된다.[18] 일다는 게바라에게 운명의 여신이었다.

이들 쿠바 망명자들은 대부분 1953년 몬카다병영 습격사건에 가담한 사람들이었다. 몬카다 사건은 당시 바티스타정권의 폭정에 반대해 카스트로를 중심으로 한 반체제집단이 몬카다라는 병영을 탈취하고자 공격했으나 실패한 사건을 말한다. 그즈음 쿠바를 지배하고 있던 바티스타대통령은 미국의 강력한 지지를 받고 있었다. 바티스타정권은 카스트로일당을 체포한 후 사형시키려고 했으나, 결국 쿠바국민과 국외여론을 의식해 징역 15년형을 받게 했다.

1898년 미국-스페인 전쟁에서 승리한 미국의 영향으로 쿠바는 스페인으로부터 독립을 하게 된다. 또한 이 전쟁의 승리로 미국은 푸에토리코, 괌, 그리고 필리핀을 스페인으로부터 빼앗아 지배하게 되었고, 쿠바와의 조약을 통해 사

18) 위의 책, pp.85-87.

실상 쿠바를 미국의 보호국으로 만들었다.[19] 쿠바의 바티스타정권은 국가 권력기관과 비밀경찰을 이용해 정권에 협조하지 않거나 반대하는 사람들을 억압했다.

어떤 남성을 만나는가에 따라 여성의 운명이 결정된다는 말이 있듯이, 어떤 여성을 만나는가에 따라 남성의 인생이 정해진다고도 한다. 위에서 잠시 언급했듯이, 게바라는 일다라는 페루출신 여성을 과테말라에서 만난다. 이때 게바라는 일다와 혁명동지적 관계를 유지하게 되고, 나중에 멕시코에서 두 사람은 결혼까지 하게 된다. 그리고 일다의 소개로 쿠바망명자들을 만나게 된다.

한편, 미국의 입장과 반대정책을 취했던 과테말라의 아르벤스정권은 큰 어려움에 직면했다. 라틴아메리카에 국제공산주의의 확산을 막는다는 명분으로 미국은 아르마스라는 과테말라의 전직 군인을 이용하여 아르벤스정권을 전복시키고자 했다. 결국 반란을 일으킨 아르마스가 정권을 잡았으며, 아르벤스대통령은 멕시코대사관으로 피신했다. 그런데 미국 CIA가 아르마스를 이용해 아르벤스정권을 무너뜨린 것이 아르벤스대통령이 사회주의자였기 때문이라기보다는 당시 미국의 다국적기업 '유나이티드 후르츠'와

---

19) 위의 책, pp.90–91.

같은 미국회사의 토지를 국유화했기 때문[20]이라는 해석도 있다.

권력을 잡은 아르마스는 구 정권 인사들을 숙청하고 구속시켰다. 당시 과테말라에 거주하고 있었던 게바라는 외국인이었지만 무기를 들고 반란군에 맞서라고 선동했다는 혐의로 범죄자 리스트에 올랐다. 과테말라에 있던 아르헨티나대사관에 피신한 게바라는 1954년 대사관의 도움으로 과테말라를 떠나 망명자의 천국 멕시코로 가게 된다.[21] 과테말라는 이제 진보적 입장을 가진 사람들이 지내기 힘든 국가가 되었다.

겨우 몸만 빠져나와 멕시코로 건너간 게바라는 먼저 가 있던 일다와 만난다. 이들은 우선 먹고 사는 일이 급했다. 당시 멕시코에서 망명 생활을 하던 동료들과 길거리 사진사, 책 판매원 등을 하면서 하루하루를 힘겹게 버티어 나갔다. 평범한 사람이라면 명예와 부를 가질 수 있는 의사의 길을 버리고 힘든 혁명가의 길로 가는 것에 대해 후회도 하고 회의감을 가질 수도 있었을 터인데, 게바라는 단 한 번도 자신이 선택한 길을 후회한 적이 없다고 한다. 당시 많

20) 위의 책, p.112.

21) 위의 책, pp.112-114.

은 라틴아메리카국가들에서는, 정도의 차이는 있지만 대농장주가 대부분의 농지를 소유해 농민을 착취하고 있었고 정부 고위관료나 군고위층, 그리고 자본가는 정권과 결탁해 호사스런 생활을 하고 있었다. 반면에 원주민, 농민과 노동자는 비참하고 고통스런 삶을 이어나가고 있었다.

게바라가 멕시코에서 처음 쿠바 망명자들을 만나 쿠바의 실상을 들었을 때, 카스트로는 아직 쿠바의 감옥에 갇혀있었다. 1955년 2월 바티스타는 대통령으로 재선되었다. 대통령의 재선을 축하하는 의미에서 의회는 특별사면 법안을 통과시켰는데, 바티스타대통령은 체제유지에 자신감이 있었던지 그 법안에 서명했다. 그해 5월 카스트로는 몬카다 병영사건에 연루된 동료들과 함께 석방되었다. 석방되자 마자 이들은 바티스타정권 타도를 위한 계획을 세우고 이를 실행에 옮기고자 했다. 하지만 정권의 철저한 감시와 위협 때문에 일단 멕시코로 망명을 갈 수밖에 없었다. 당시 쿠바의 현실상황은 너무 열악했다. 비참한 생활환경, 질병, 영양실조, 교육문제, 그리고 쿠바경제를 좌지우지하고 있는 외국자본의 지배 등 모든 면에서 변혁이 필요했다.

1955년 게바라는 멕시코시티에서 처음 카스트로를 만난다. 당시 게바라는 27세, 그리고 카스트로는 29세였다. 성장배경, 직업, 국적 등 공통분모가 거의 없는 두 사람이었지만, 만나자 마자 서로에게 깊은 호감을 가지게 된다. 서로 지향하고 있던 생각을 교환하던 과정에 게바라는 쿠바를 해방시켜 민중이 행복한 나라를 건설하겠다는 카스트로의 신념에 매료되어 쿠바혁명에 동참하게 된다. 물론 남보다 특별한 모험심과 민중을 위해 살겠다는 게바라라는 인간에 대해 카스트로는 깊은 신뢰감을 갖게 되었다.[22] 게바라는 바티스타독재정권을 몰아내고 쿠바를 해방시킬 혁명에 함께하자는 카스트로의 제안에 흔쾌히 응낙해 외국인이었지만 군의관의 자격으로 참전했다. 이제 게바라는 본격적인 혁명가로 변신하고 있었다.

게바라가 라틴아메리카를 여행하는 과정에서 직접 배우고 느낀 점은, 압제받고 있는 민중이 고통에서 벗어나기 위해서는 무력적 힘이 필요하다는 것이었다. 그는 청소년기부터 모험과 여행을 통해 라틴아메리카 민중이 독재정치와 대지주에 의해 자유를 억압당하고 경제적 수탈을 당하고 있다는 것을 직접 체험했다. 일부 사람들이 라틴아메리카에서 혁명을 성공시킬 수 있는 요인으로 정권에 불만을

22) 위의 책, p.115.

가진 도시 민중을 끌어들일 수 있느냐의 여부에 달려있다고 주장했다.

하지만 게바라는 이 주장과는 다른 시각을 가지고 있었다. 그는 농민에 주목했다. 게바라는 농촌지역에서 농민의 지원을 받은 게릴라부대는 뛰어난 기동력을 바탕으로 정규군을 무력화시킬 수 있다고 생각했다. 그런데 도시지역에서는 정규군이 전력을 집중할 수 있어 게릴라부대의 운신폭이 좁아져 도시에서의 반란은 성공하기 어렵다고 생각했다. 게릴라 세력은 농민의 지원없이 단독으로 기존 정권을 무너뜨리기 어렵고, 이들은 민중들이 스스로 무기를 들고 정권에 대항하게 하는 촉매제 역할을 할 뿐이라고 했다. 그래서 게릴라 세력은 농민들의 토지에 대한 갈망을 충분히 이해하는 농업혁명가가 되어야 한다고 게바라는 주장했다.[23] 또한 게바라는 혁명전쟁의 목적은 인간을 위한 전쟁이라고 생각했다.

위에서 언급했듯이, 1955년 8월 게바라는 여성혁명가 일다와 결혼했으며 아이도 가지게 되었다. 하지만 카스트로와 한 약속을 마음에 새기면서 혁명을 위해 무언가 새로

---

23) 김영범, 『20세기 가장 완벽한 인간 체 게바라 vs 대륙의 붉은 별 마오쩌둥』, 숨비소리, 2005, p.54.

운 각오가 필요하다고 생각했다. 그는 쿠바혁명대의 군의관 자격으로 참가하게 되었지만 의사보다 혁명전사가 되기를 원했다. 1956년 2월부터 혁명부대원들은 멕시코시티 근처훈련장에서 게릴라훈련을 받았다. 천식 때문에 고생하고 있던 게바라였지만 훈련생으로서는 발군의 실력을 나타냈다. 훈련생의 대표가 되었으나 자신이 쿠바인이 아닌 외국인이라 쿠바훈련생들이 불만을 제기했다. 하지만 그의 진지한 생각과 훈련태도 등을 통해 나중에는 쿠바동료들이 그를 신임했고, 이들이 '체'라는 별명을 붙여주었다. '체'의 의미는 '어이, 친구'라는 말로서, 이후 게바라의 이름에 더해져 '체 게바라'로 불리어졌다.

당시 멕시코정권은 쿠바인들이 한 지역에서 몰래 훈련을 받고 있다는 것을 알게 되었다. 멕시코정권은 이들의 활동을 문제시 삼아 카스트로와 게바라 등 다수 쿠바인들을 잡아 감옥에 넣어버렸다. 감옥에서 겨우 풀려난 이들은 다시 혁명을 위해 전열을 가다듬었지만, 상황은 점점 나빠지고 있었다. 쿠바의 바티스타정권이 일부 쿠바망명자들이 정권에 대항해 해안으로 침투한다는 정보를 알게 되자, 쿠바해안에 상륙하지 못하도록 준비하면서 해안을 봉쇄해 버렸던 것이다. 혁명대원들은 멕시코에서 훈련받기도 어려워졌고 또 혁명을 연기할 여건도 여의치 않았다. 이제 전열을 가다듬어 하루빨리 쿠바를 공격하는 방법이 최선의 선택이었다.

1956년 11월 카스트로와 게바라 등 82명의 대원이 그란마호를 타고 쿠바로 출항했다. 낡은 요트인데다 정원이 25명이었는데 82명과 무기, 식량 등을 실었으니 항해하는 것부터가 모험이었다. 설상가상으로 예상치 못한 강풍으로 원래 목표로 한 지역에 도착하지 못하고 늪지에 처박히고 말았다. 그란마호가 쿠바에 상륙했다기보다 좌초되었다는 것이 정확한 표현이라 여겨졌다. 그나마 다행이었던 것은 도착한 곳이 쿠바해안이었고 또 그곳을 걸어서 탈출할 수 있었다는 점이다.

하지만 이들을 기다리고 있던 것은 정부군의 공격이었다. 다수의 무기와 식량을 버리면서 도망갈 수밖에 없었고 이 과정에서 대부분의 혁명대원들이 전사했다. 이제 살아남은 대원은 14명에 불과했다. 그럼에도 카스트로와 게바라를 중심으로 이들은 무수한 죽을 고비를 넘기면서 정부군의 공격을 받아치면서 버텼다. 새로 합류한 대원들과 함께 전열을 정비해 정부군과의 전투에서 조금씩 승리하면서 세력을 확대해 나갔다. 일진일퇴 하는 동안 혁명군은 쿠바국민들의 지지를 점점 더 확보할 수 있었다. 게바라의 의술도 농민들을 게릴라 편으로 끌어들이는데 한몫을 했다.[24] 또한 전투를 하는 과정에서 게바라는 지나칠 정도로 평등을 강조했다. 계급이 높다는 이유로 계급이 낮은 사람보다 더 좋은 음식을 먹거나 특혜를 받는 것을 용납하지 않았다.

전투가 계속되자 정부군 중 일부는 반군에 동조했다. 그러자 바티스타정권은 언론을 이용해 카스트로반군이 모두 사살되어 반란은 진압되었다고 홍보했다. 카스트로는 국민들에게 자신들의 존재를 알리는 것이 얼마나 중요한가를 실감하고는 지인을 통해 뉴욕타임스 아바나통신원 매튜스와 연결을 시도했다. 매튜스는 반군의 존재를 확인하는 것은 특종감이라고 판단해 시에라 마에스트라에 있던 카스트로를 찾아왔다.

뉴욕타임스의 위력은 대단했다. 메튜스가 카스트로와 함께 찍은 사진이 크게 보도됨에 따라 죽은 줄만 알았던 카스트로가 살아있음이 입증되었다. 그러자 바티스타정권의 독재와 부정부패에 진절머리를 내던 국민들이 반군에게 상당한 기대를 걸게 되었다.

---

24) 박영욱, 『아름다운 혁명가 체 게바라』, 자음과모음, 2017, p.139.

그럼에도 당시 바티스타정권은 카스트로가 공산주의자라고 선전하면서 미국의 지원을 계속 받으려고 했다. 그와 반대로 카스트로는 자신이 공산주의자가 아니라고 적극 부인했다. 당시 카스트로는 공산주의자가 아니었고 쿠바민중을 사랑한 민족주의자였다. 이때는 냉전이 고조되던 시기였기 때문에 적과 아군을 구분하는 기준은 이념이었다. 이러한 점을 바티스타정권은 교묘히 활용해 미국의 지지를 받으려고 했다.

하지만 정부군과 반군사이에 전투가 계속되면서 서서히 전세는 반군 편으로 기울기 시작했다. 게바라와 카스트로 등 뛰어난 지략을 가진 반군지도자의 활약이 정부군을 약화시키는데 큰 영향을 미쳤다. 승패를 결정한 중요한 요인 중 하나가 사기였다. 정부군의 사기는 크게 약화되었다. 정부군은 도망칠 때를 대비해 군복 안에 사복을 입고[25] 있을 정도였으니 내전의 결과는 결정된 것이나 다름없었다.

게바라에게 있어 게릴라전은 정부군과 반군의 전쟁이 아니라 독재정부에 항거하는 민중 전체의 투쟁이라고 생각했다. 게바라에게 게릴라는 힘없고 가진 것 없는 민중을 위한 사회개혁자로 인식되었다.[26] 이와 같은 의식은 쿠바

25) 미요시 도오루 저, 앞의 책, p.210.

26) 박영욱, 앞의 책, pp.150−151.

인이 아닌 외국인으로서 쿠바혁명에 동참하고 있는 자신을 향한 끊임없는 독려였다고 여겨진다.

이제 바티스타 독재정치에 고통을 당하던 쿠바국민들이 나서서 정부군을 공격하는 사태가 발생했다. 미국도 쿠바 사태를 예의주시하고 있었지만 바티스타의 몰락을 기정 사실화 했다. 이와 함께 게바라를 중심으로 한 혁명부대가 전략적 요충지인 산타클라라를 점령하자 더 이상 버티지 못하고 1959년 1월 바티스타대통령은 도미니카공화국으로 망명했다. 그란마호가 쿠바에 상륙한 지 25개월 만에 혁명이 성공했다.

바티스타 독재정권을 타도했다고 해서 혁명이 끝난 것은 아니었다. 쿠바혁명의 성공 여부는 이제부터 어떻게 쿠바를 이끌어 가는가에 달려있었다. 혁명은 이제부터라고 할 수 있었다. 게바라는 극심한 가난과 빈부격차, 엄청난 실업자 문제 등 대내적 문제와 미국과의 관계정립 등 대외적 관계를 슬기롭게 풀어나가야만 혁명은 진정으로 성공할 수 있다고 여겼다.

이제 실권을 잡은 카스트로는 우르티아를 새 대통령으로 추대했다. 게바라도 카스트로와 함께 혁명의 성공을 위해 온 힘을 쏟았다. 카스트로는 쿠바가 지향해야 할 길은 쿠바만의 주체적 길이라고 생각했다. 그는 자본주의체제는 다수 민중의 희생으로 자본가의 배를 채워주는 것으로 생각했다. 한편 공산주의체제는 국민의 기본적 의식주 해결은 가능하지만 경제의 하향평준화를 면할 수 없고 또 일당독재로 인해 자유가 억압당하는 것으로 여겼다. 그래서 쿠바의 향후 방향은 자본주의식도 공산주의식도 아닌 쿠바만의 독특한 방식으로 가야 한다고 생각했다.

카스트로는 바티스타정부군과 교전하면서 장갑열차를 괴멸시키고 전략 요충지 산타클라라를 점령한 전과를 올린 게바라를 바티스타정권의 주요 범죄자들을 단죄하기 위한 혁명재판 책임자로 임명했다. 지금까지 혁명과정을 보면 카스트로를 제외하고 혁명의 성공에 가장 큰 역할을 한 사람이 게바라였지만 카스트로는 게바라에게 주요직을 맡기지 않았다. 그것은 미국이 게바라를 국제공산주의자로 간주하고 있었으므로, 카스트로는 게바라가 눈에 띄는 중요 직책을 맡는 것을 원치 않았기 때문이다.[27] 게바라로 인해 쿠바가 미국의 눈 밖에 나지 않도록 한 카스트로의 조치였다.

혁명 성공 직후 게바라는 자신의 부모를 포함한 가족을

27) 앤더슨 저, 허 진 외 역, 『체 게바라 혁명가의 삶 2』, 열린책들, 2015, p.29. 이하 앤더슨 저(2)로 표기함.

쿠바혁명 때의 체 게바라. 그는 쿠바혁명 과정에서 만난 알레이다(왼쪽 여성)와 결혼했다(아내 일다와 이혼 후).

아바나로 초청했다. 게바라가족은 게바라를 만나 자랑스럽고 기뻤지만, 게바라가 쿠바에 정착해 평생을 보낼 것 같지 않다는 불안감을 가졌던 것 같다. 그 당시 게바라는 쿠바혁명 과정에 가까워진 알레이다라는 여성과 연인관계에 있었다. 게바라는 멕시코에서 결혼한 일다라는 아내가 있었지만, 혁명과정에서 새로운 연인이 생긴 것이다. 쿠바를 방문한 일다에게 게바라는 다른 여자가 생겼다고 솔직하게 말했다. 돌이킬 수 없는 상황이라는 것을 파악한 일다는 쿠바에서 적절한 생활을 할 수 있는 일자리를 보장받은 후 게바라와 이혼했다.

1959년 2월, 우르티아정권은 새 헌법을 만들어 게바라에게 쿠바시민권을 주었다. 이어 피델은 공직을 맡을 수 있는 나이를 35세에서 30세로 낮추는 법안을 통과시키도록 하여 당시 32세였던 카스트로와 30세였던 게바라가 공직을 맡을 수 있도록 했다. 실권을 쥐고 있던 카스트로가 수상으로 취임했다. 카스트로는 혁명이 어느 정도 궤도에 오를 때까지 미국이라는 나라가 개입하지 않기를 원했다. 그래서 카스트로는 소련과 가까워지는 것을 의식적으로 피했다.

1959년 4월 카스트로는 미국을 방문해 쿠바혁명에 대해 걱정하지 말도록 상당한 신경을 썼다. 자신은 공산주의를 반대하며, 쿠바의 관타나모기지에 미국해군 주둔을 인정할 것이며, 자신이 추진하는 토지개혁법이 미사용토지나 버려진 땅에만 적용될 것이라고 했다.[28] 그럼에도 카스트로는 미국의 신뢰를 거의 얻지 못했다. 한편, 게바라는 카스트로와 달리 앞으로 미국과의 대결이 불가피하기 때문에 이에 대한 대비를 해야 한다고 생각했다.

미국에서 귀국한 카스트로는 곧 토지개혁법을 만들어 사회주의국가 건설을 위한 개혁작업을 시작했다. 카스트로는 한직에 있던 게바라에게 중책을 맡겼다. 1960년 게바라는 카스트로수상의 특사자격으로 인도, 미얀마, 일본, 인도네시아, 파키스탄 등을 순방했다. 게바라의 임무는 아시아 아프리카의 여러 국가들과 관계를 증진시키면서 쿠바의 핵심 수출품인 설탕의 수출판로를 넓히는 것이었다. 당시 쿠바 설탕수출의 80% 정도를 미국이 수입하고 있었고, 일본과 아랍연합이 그 다음 수입국가였다. 카스트로의 미국에 대한 유화 제스처에도 불구하고 카스트로의 민족주의 의식과 쿠바 내 농지개혁문제 등으로 미국과의 관계가 점점 악화되고 있었다.

---

28) 위의 책, pp.104-105.

쿠바혁명을 성공시킨 후 어느 회의장에서

1960년 6월 실시된 쿠바의 급진적 농업개혁 추진에 대해 미국은 우려를 나타냈다. 카스트로는 쿠바를 평등한 사회로 만들기 위해 모든 생산수단을 국유화하려고 했다. 이러한 사회주의적 정책이 쿠바의 설탕경영을 독점하고 있던 미국회사들에게 불리하게 작용한다고 하면서 미국은 쿠바에 불만을 드러냈다. 미국의 입장은 쿠바의 가장 큰 수출품인 설탕을 지렛대로 삼아 쿠바가 자국의 의도대로 따라오게 한다는 것이었다. 그런데 쿠바가 말을 듣지 않자 미국은 설탕매입을 중단했다.

그러자 미국과 쿠바와의 관계가 악화되는 틈을 타 소련이 쿠바의 설탕을 대량 수입하겠다고 발표했다. 사실 소련은 사탕무를 많이 생산하는 국가로 설탕을 해외에 수출[29] 할 정도였다. 그럼에도 소련이 쿠바 설탕을 수입해 주겠다는 의미는 냉전체제를 바탕으로 한 소련의 전략과 관련되어 있었다고 할 수 있다. 또한 미루어 짐작컨대 쿠바가 그 전부터 소련과 접촉하고 있었음을 반증해주는 것이라 여겨진다. 소련이 쿠바의 설탕을 매입하면서 쿠바와 소련과의 관계가 개선된 것은 당연했다.

미국과의 관계가 나빠지자 쿠바는 1960년 5월 소련과 국

29) 미요시 도오루 저, 앞의 책, pp.235-236.

교를 회복했다. 소련과의 외교관계 회복 후 쿠바는 소련과 비밀협정을 맺어 소련제 무기를 들여오기로 했다. 미국은 도발적인 쿠바의 조치에 강력한 응징을 하려고 했으나, 그에 앞서 쿠바에게 관계개선을 위한 마지막 제안을 했다. 즉, 미국은 쿠바에 군용비행기를 제공하고 기술적 조언을 해 줄 의사가 있다고 제의했다. 하지만 카스트로는 장고 끝에 이 제안을 거절했다. 미국의 제안을 거절하면 어떤 일이 발생하리라는 것을 충분히 예상할 수 있었던 상황이라 카스트로는 불안감을 가졌을 수도 있었겠지만, 아마도 그 시점에 소련으로부터 뭔가 의미있는 조치가 있었기 때문에 미국의 제의를 거절한 것이 아니었나 추측할 수 있다.

한편, 게바라는 혁명을 진행시키는 과정에 카스트로의 명에 따라 정부의 중책을 맡게 된다. 1960년 11월 게바라는 국립은행 총재를 맡았고, 다음해 2월에는 산업부장관으로서 쿠바의 공업화를 책임지게 되었다. 그는 의사이자 전사였고 유능한 행정가이기도 했다. 게바라는 직관력과 학습, 이 두 가지를 통해 쿠바경제를 이끌어나갔다.[30] 쿠바를 위해 목숨까지 바칠 각오로 쉴 틈 없이 일했으며, 혁명을 정

30) 오귀환, 『체 게바라, 인간의 존엄을 묻다』, 한겨레신문사, 2005, p.122.

착시키는데 도움이 된다는 명분으로 자신의 아내까지 노동봉사에 동원했다. 특별한 일이 없는 토요일에는 사탕수수를 잘랐고, 건축현장에서 벽돌을 운반했으며, 공장의 조립라인에서 일했다. 게바라는 혁명을 위해서 개인주의를 버려야 한다고 주장했다. 개인은 사회의 이익을 위해 적절히 활용되어야 한다고 했다.

게바라가 꿈꾸고 있던 사회주의사회는 개인주의적 요소를 없애고 개인의 물질적 욕망을 자제할 수 있는 새로운 인간이 지배하는 사회였다. 게바라에게 있어, 자기희생을 할 수 없는 인간은 새로운 인간이 아니었다. 그는 자기가 먼저 새로운 인간의 모습을 직접 보여줌으로써 쿠바국민들 모두가 자기처럼 그렇게 해 주기를 기대했다. 예를 들어, 게바라 아내가 공식적으로 제공된 승용차를 이용해 쇼핑하려고 했을 때, 그는 공적 업무를 제외하고 사적으로 승용차를 이용해서는 안 된다고 했다.

쉬는 날이면 건설 및 농업현장에 가서 자원봉사활동을 했고, 공적인 선물을 받았을 때 그것을 집으로 가져간 사례가 없었다고 한다. 산업현장에 갈 땐 가장 먼저 노동자들이 일하는 작업장을 방문한 후 관리자의 사무실에 가곤 했다. 스스로에 대한 엄격함과 개인적 욕심을 추구하지 않은 태도는 당시 쿠바의 지도층 대부분이 가지고 있던 방종한 생활방식, 개인적 욕구충족 등과 비교되었다. 게바라의 자유분방함과 소탈함 그리고 겸손함은 어릴 때부터의 수많은 여행을 통해 몸에 밴 것이었고, 이러한 점들이 이후 게릴라로서 활약하는데 큰 힘이 되었다.[31] 게바라가 추진한 사회주의적 개혁실험은 동유럽 사회주의와 서구의 자본주의 문제를 극복할 수 있는 대안으로 인식되기도 했다.

정부의 중요직책을 맡은 게바라는 대내적으로 모든 국민이 풍요로우면서 평등한 생활을 할 수 있는 사회를 만들고자 했으며 대외적으로 외세를 걷어내고 자주경제 국가를 건설하고자 노력했다.

게바라는 산업부장관 시절 공업화만이 쿠바의 경제를 살릴 수 있다고 생각했다. 외국에서 아무리 많은 설탕을 수입해 준다고 해도 쿠바가 농업국으로 남아있는 한 정상적인 발전을 하는 국가가 되기 어렵다고 여겼다. 혁명 전 바티스타정권 때 쿠바는 설탕을 수출한 돈으로 의료품, 석유 그리고 자동차 등을 주로 미국으로부터 수입했다. 게바라는 이런 수출입 구조가 쿠바를 미국의 경제적 종속상태

31) 김영범, 앞의 책, p.98.

로 몰아넣었다고[32] 판단했다. 이러한 과거의 상황을 고려하면서 게바라는 화학공장, 섬유공장을 건설하고 발전소를 만드는 등 공업화를 위해 다각적인 노력을 했다. 하지만 쿠바에서는 공업화를 위한 기술이나 경험이 적었기 때문에 기대만큼 공업화수준을 높이진 못했다.

혁명 후의 쿠바경제가 바티스타정권 시기보다는 나아졌지만 국민들은 더 나은 경제적 상황을 요구하고 있었다. 그런데 쿠바경제는 이들의 바람을 충족시켜주지 못하고 있었다. 그 중의 하나가 소련의 태도였다. 쿠바의 설탕을 대량으로 수입해 준 소련은 물론 고마운 존재였으나 쿠바의 공업화에는 크게 도움이 되지 못했다. 소련은 동유럽위성국가들에게 대했던 방침을 그대로 쿠바에게 적용했다. 예를 들어, 불가리아는 농업국의 역할을 했고, 체코는 공업국의 역할을 해야 했다. 이는 소련중심의 공산주의권이라는 분업시스템 하에서 불가리아는 주로 농업분야를 책임지고, 체코는 주로 공업분야를 담당해야 한다는 의미로, 불가리아가 공업국가가 되는 것을 소련은 원치 않았다는 것이다.[33] 그렇다면 소련은 쿠바가 공업국이 되는 것을 바라

32) 미요시 도오루 저, 앞의 책, p.301.

33) 위의 책, p.307.

지 않았음을 짐작할 수 있다.

게바라는 이러한 것이 사회주의적 연대라면, 소련도 미국과 다름없는 제국주의적 수탈국가라고 여겼다. 그래서 소련의 제국주의적 정책에 실망한 게바라는 모택동사상에 심취해 중국식 공산주의를 따르고자 했다. 대다수 라틴아메리카 국가들이 미국의 경제적 영향권 하에 들어있어 이들 국가가 미국 국가이익을 거스르는 경제정책을 취하기 어렵게 되어버린 것처럼, 동유럽 국가들이 소련의 영향력 아래에서 친소련 정책을 취하는 것은 문제라고 생각했다.

마찬가지로 쿠바가 소련의 경제적 손아귀에 들어간다면, 바티스타정권 때의 미국을 이제 카스트로정권의 소련으로 대체하는 것과 같다고 판단했다. 마치 68혁명[34] 때 신좌파가 비판했던 것처럼, 제3세계를 억압하는 미국과 손잡은 선진자본주의사회나, 소련의 꼭두각시로 전락한 동유럽 사회주의권 둘 다를 비민주적이었고 인간적이지 않았다는 지적과 일맥상통하는 것이다.

한편, 미국과의 관계가 악화되자 쿠바의 다수 상류계층은 자신들의 신상에 문제가 생길 것을 우려해 미국으로 망

34) 68혁명이란 2차 세계대전 후, 특히 1950년대 이후 정치 경제 사회 문화 등 다양한 분야에서 누적되어 오던 갈등이 서유럽을 중심으로 응집 · 표출된 운동을 말한다.

명을 떠났다. 대신 사회주의를 주장하거나 옹호하는 유럽 좌파들과 제3세계국가 사람들이 쿠바를 찾았다. 1960년에는 유명한 사르트르부부가 아바나를 방문해 게바라를 만났다. 사르트르는 게바라를 "지식인일 뿐만 아니라 우리 시대의 가장 완벽한 인간"[35]이라고 평가했다는 것은 잘 알려진 이야기이다.

미국과의 관계가 험악해지자 쿠바의 상황이 급박하게 돌아갔다. 쿠바는 혁명 그 자체이며, 그란마호를 타고 혁명을 선도한 사람들이 개인적 삶을 포기하고 목숨까지 바칠 각오로 혁명에 전력한 것과 같이, 이제 모든 쿠바인들이 완전한 독립을 위해 희생해야 한다고 게바라는 주장했다. 조만간 미국이 쿠바를 침략할 것에 대비해야 한다는 의미였다.

미국이 쿠바 망명자들을 규합해 침공 준비를 할 때 쿠바는 자국에 투자했던 미국 석유회사와 제당공장을 몰수했다. 쿠바와 미국과의 관계를 예의주시하던 소련의 흐루시초프는 필요하다면 소련이 미사일을 발사해 쿠바국민을 보호할 수 있다고 쿠바 편을 들었다. 이에 대해 미국은 쿠바에 국제공산주의 세력이 지배하는 정권이 탄생하는 것을

35) 앤더슨 저(2), 앞의 책, p.203.

두고 보지 않을 것이라고 하면서 소련을 비난했다.

미국은 쿠바 망명자들을 중심으로 쿠바를 공격할 계획을 세우면서, 쿠바에 살고 있던 모든 미국인들에게 쿠바를 떠나라고 명령했다. 1961년 4월 미국을 대리해 쿠바 망명자부대의 쿠바공격이 시작되었다. 전투기를 동원해 아바나를 폭격했고 이어 쿠바 망명자부대가 피그만을 습격했다. 하지만 이들은 쿠바군부에게 패퇴했다.

피그만사건을 계기로 쿠바는 미국의 압력에 대항할 수 있는 방안을 찾아야 했다. 미국은 물론, 당시 미국의 영향권 하에 있던 라틴아메리카국가들이 연합해 쿠바에 압력을 행사했기 때문이다. 미국이 주도하고 있던 미주기구는 쿠바를 제명했다.

1962년 제2, 제3의 침공을 막기 위해 쿠바는 특단의 조치를 취했다. 쿠바는, 만약 미국이 다시 쿠바를 침공한다면 소련이 미사일로 막아주는 것을 조건으로 소련의 핵미사일 쿠바배치에 동의했다. 쿠바는 다른 나라에 기대는 것을 원치 않았지만 어쩔 수 없이 소련과 협약을 맺었던 것이다.

그런데 쿠바 미사일 배치문제로 미소 간 갈등이 커졌다. 급기야 만약 쿠바에 배치한 소련 미사일을 철수하지 않는다면 제3차 세계대전도 불사하겠다는 미국의 거센 압박을 소련이 받고 있었다. 그때 미국이 쿠바를 침공하지 않는다고 약속하고 터키에 배치되어 있는 미국 미사일을 철수한다면, 쿠바에서 미사일을 철수하겠다고 소련이 미국에게 제안했다. 이 상황을 알게 된 쿠바는 소련을 믿을 수 없다고 크게 분노했다.

위에서 잠시 지적했듯이, 쿠바는 소련의 지원으로 석유를 받을 수 있었으나 소련 석유는 황 함유량이 너무 많아 과거 미국이 건설한 정유소 배관을 망가뜨리게 했다. 또한 공업화를 위해 소련에서 구입한 장비가 대부분 낡은 제품이라 경제를 부흥시키는데 큰 도움이 되지 못했다. 게바라는 냉전의 한 축이던 소련모델을 받아들였으나 점점 소련에 대해 신뢰를 잃어버리게 되었다. 소련모델이 지나치게 관료화되었고 효율적이지 못하다고 판단했던 것이다.

더구나 소련의 일반시민은 검소한 생활을 하는 데 비해 소련의 고위관료들은 사치스러운 상류생활방식으로 지내는 것을 보고 게바라는 환멸을 느꼈다. 또 소련이 사회주의국가로 변신한 이후 공산당 고위층들은 새로운 사회주의 인간을 만들지 못했다[36]고 비난했다.

36) 위의 책, p.240.

하지만 쿠바는 소련과의 갈등을 지속할 수 없었다. 혁명을 계속 진전시켜야 했고 경제를 성장시켜야 했기 때문이다. 카스트로는 1963년 봄 소련을 방문해 쿠바의 심각한 경제적 어려움을 타개하고자 경제적 원조제공을 부탁했다. 소련은 쿠바의 독립과 자유를 지키기 위해 최선을 다하겠다고 약속하면서 카스트로를 환대했다.

카스트로는 쿠바의 생존을 위해 소련의 정책을 따르게 되었으며, 다른 한편 평화공존이라는 원칙을 기본으로 미국과 우호적 관계를 유지하기를 원했다. 카스트로는 자신의 정권유지를 확고히 하면서 쿠바를 경제적 어려움에서 탈피하도록 하는 데 목적이 있었다. 이를 위해 소련 그리고 미국과도 타협할 마음을 가지고 있었다. 소련으로부터의 지원이 크게 늘어났고 그러다 보니 쿠바는 이전보다 더욱 더 소련에 의지하게 되었다.

그런데 게바라는 달랐다. 그에게 평화공존이란 제국주의국가가 감언이설로 쿠바같은 약소국을 꾀는 것으로 간주했다. 게바라는 라틴아메리카에 제국주의의 망령을 걷어내기 위한 방법으로 사회주의 혁명을 전파하고자 했다. 처음 쿠바와 소련과의 관계를 튼 사람이 게바라였으나 그가 무장투쟁을 주장하고 농촌게릴라 투쟁을 강조하자 소련은

쿠바의 수도 아바나의 노동절 퍼레이드에서(맨 왼쪽이 체 게바라)

게바라를 요주의 인물로 간주했다. 특히 미사일 위기 이후 쿠바가 게릴라양성을 위한 지원을 더 늘렸는데, 이를 추진한 선봉장이 게바라였다는 사실은 공공연한 비밀이었다. 이러한 쿠바의 게릴라 지원행위로 인해 카스트로는 쿠바와 소련과의 관계가 악화되는 것을 원치 않았다.

더구나 게바라가 페루와 아르헨티나의 게릴라 원정에 개입하면서 소련의 반감을 더 사게 되었다. 게바라는 라틴 아메리카에 혁명을 일으켜 제국주의 정책을 취하고 있는 미국에 대항해야 한다고 주장했다. 또한 사회주의 종주국 소련의 제국주의 정책에 대해서도 거세게 비난했다. 장기적으로 보아 쿠바의 독립과 자유는 소련의 지원으로 이루어지는 것이 아니라 라틴아메리카 혁명의 성공여부에 달려 있다고 게바라는 확신하고 있었다. 라틴아메리카 국가들이 혁명에 성공한 후 형제애를 바탕으로 하는 사회를 건설해 자원을 공유한다면, 소련을 포함한 외부세력에 대한 의존도를 줄이고 라틴아메리카 국가들이 새로운 사회주의를 이끌 수 있다[37]고 주장했다.

게바라는 노동자들이 경쟁체제 때문에 사회주의적 의식을 가지지 못하므로 도덕적 유인에 의해 진정한 사회주의적 의식을 가질 수 있다고 생각했다. 그래서 그는 공동선을 위해 자신을 기꺼이 희생하는 정신을 증명하고자 했으며[38] 이것이 앞서 말한 '자발 노동' 계획이었다. 하지만 이것 역시 당시 쿠바지도자들의 지지를 별로 받지 못했다. 게바라의 꿈을 실현하고자 하는 시도는 쿠바 내 혁명지도자들의 강한 도전을 받고 있었다.

이제 게바라는 쿠바를 떠날 때가 되었다고 판단했다. 혁명을 수출하기 위한 최적의 장소를 콩고로 정해 나름의 준비를 시작했다. 당시 콩고에서는 반정부 연합체 민족해방위원회가 구성되어 루뭄바정권에 도전하고 있었으며, 이

37) 위의 책, p.445.

38) 위의 책, pp.448-449.

민족해방위원회는 소련과 중국의 지원을 받고 있었다. 또한 콩고가 아프리카의 중심부에 위치해 있기 때문에 농촌 중심 게릴라전쟁을 하기에 적합했다. 아프리카 대부분의 국가에서 반제국주의 민족주의자들 가운데 다수가 쿠바에 우호적이었기 때문에 분쟁지역에 접근하기 쉬울 것[39]이라고 게바라는 평가했다.

이제 게바라는 쿠바혁명 이후 자신이 꿈꾸어왔던 세계를 먼저 콩고에서 실현할 수 있을 것이라고 생각했다. 그것은 쿠바가 국제 반제국주의동맹을 조직해 라틴아메리카 전체에 사회주의혁명을 일으키는 것이었다. 게바라에게 있어 콩고혁명은 대단히 중요했다. 제국주의국가에 대항하는 투쟁이었고 이 투쟁의 결과는 아시아 아프리카 아메리카 전체에 영향을 미친다고 판단했기 때문이다.

이 시점에서 한 가지 의문은 콩고 투쟁과 관련해 게바라와 카스트로와의 관계이다. 콩고로 출발하기 전 게바라는 한동안 공식석상에 모습을 드러낸 적이 없었다. 이에 대해 게바라의 소련비난으로 카스트로가 강한 문책을 하여 게바라를 감금시켰다는 소문, 쿠바 정적들로부터 소외되어 쿠바정치에 영향력을 상실했다는 소문, 베트남전쟁에 참가하

39) 위의 책, pp.472-475.

소비에트혁명 47주년 기념식에 참석한 체 게바라(중앙)

고 있다는 소문, 그리고 멕시코로 망명했다는 소문 등 갖은 억측들이 나돌았다.

그런데 실상은 이런 것 같다. 카스트로가 게바라의 소련 비난 발언에 대해 부담을 가진 것은 사실이지만 이에 대해 질책을 하거나 책임을 물은 것은 아니었다. 다만 카스트로는 게바라에게 이제 콩고로 가서 콩고혁명을 위해 훈련 중이던 쿠바 원정대를 이끌어 혁명을 성공시키고 오라고 제안했다고 한다. 게바라와 카스트로는 쿠바혁명 과정을 통해 맺었던 신뢰와 우의를 바탕으로 허심탄회한 대화를 한 후 타협이 이루어졌다고 여겨진다.

게바라는 마르크스주의자였지만 그렇다고 공산주의국가였던 소련을 추종하지 않았다. 그는 라틴아메리카나 아프리카에서 전개되고 있던 사회주의혁명에 필요한 조건을 충분히 이해하지 못하는 공산주의자들의 시각에 비판적이었다. 제3세계에서 사회주의혁명은 공산당의 지휘나 통제를 받지 않고도 성공할 수 있음을 쿠바혁명을 통해 입증했기 때문이었다. 이런 점에서 게바라는 쿠바 내 친소련공산주의자들을 탐탁지 않게 여겼다.[40] 아무튼 게바라와 카스트로 두 사람의 고민과 생각을 어느 정도 이해할 수 있을 것 같다.

게바라는 소련이라는 사회주의 종주국을 더 이상 혁명의 모델로 생각하지 않았고, 쿠바라는 나라에서 자신의 꿈을 펼쳐나가기 어렵다는 점을 인식하게 되었다. 그래서 그는 아시아 아프리카 라틴아메리카를 하나로 아우르는 제3세계 혁명을 꿈꾸면서 새로운 혁명의 길을 가고자 했다. 게바라는 게릴라전을 승리로 이끄는 관건은 농촌게릴라 거점을 만드는 것과 무장게릴라의 봉기라고 생각했다. 그에게 있어서 게릴라가 된다는 것은 민중해방을 위한 투사가 됨을 의미했다.

---

40) 김영범, 앞의 책, p.100.

3. 민중해방의 혁명가

위에서 언급했듯이, 쿠바정권 내의 친소공산주의자들은 게바라의 소련비판 시각에 대해 상당한 불만을 가지고 있었다. 이들은 쿠바가 직면하고 있는 경제적 불안정과 소련과의 긴장관계가 게바라의 지나친 이상주의적 모험주의에 직접적 원인이 있다고 생각했다. 이러한 상황을 알게 된 게바라는 쿠바에서 자신이 해야 할 과업이 별로 없다는 생각이 들었다. 그래서 제3세계 국가들 가운데 또 다른 압제자를 몰아내는 혁명의 길을 선택했던 것이다.

1965년 3월 게바라는 쿠바의 2인자의 자리에 앉아 호사스런 생활을 누릴 수 있었으나 다시 혁명가의 길로 나서기 위해 쿠바와 작별한다. 게바라의 처 알레이다는 그의 콩고행을 만류했지만 게바라는 '라몬 베니타스'라는 남자로 변장하여 콩고로 들어갔다.

누군가는, 밭을 갈고 씨를 뿌려 열매가 열렸는데 이 열매를 따먹을 줄 모르는 사람으로 게바라를 평가했다. 하지만 게바라는, 맺은 열매는 자기가 수확해야 할 것이 아니며 앞으로도 또 다른 씨를 뿌려 열매를 맺게 해야 할 곳이 많다고 했다. 그는 한 국가가 제국주의국가로부터 독립했을 때, 정치적 독립만으로 진정한 독립을 했다고 보기 어

1965년 콩고에서(맨 왼쪽이 체 게바라)

렵다고 생각했다. 진정한 해방이나 독립은 제국주의적 경제지배가 끝났을 때 이루어진다는 신념을 가지고 있었다. 라틴아메리카국가들의 상황은 대부분 비슷했지만, 게바라가 민중혁명을 일으키기 위해 콩고를 택한 이유는 콩고가 혁명을 통해 가장 시급히 변화되어야 할 나라라고 생각했기 때문이다.

쿠바의 혁명정신을 콩고혁명을 통해 전파시키려던 게바라의 이상은 기대와는 달리 성공하지 못했다. 게바라는 콩고의 반군지도자 카빌라와 합심해 혁명을 진전시키려고 했다. 하지만 카빌라는 정부에 도전할 수 있는 역량과 준비를 갖추지 못했으며 혁명의 진지함을 의식하지 못하고 있었다고 게바라는 판단했다. 콩고 반군들의 의식도 마찬가지였다. 더구나 쿠바에서 함께 간 대원들 다수가 말라리아와 전염병 등에 걸려 사기가 저하되었으며 콩고반군 간의 갈등도 심각했다.

카스트로는 쿠바에서 훈련시킨 원정대를 콩고로 보내주기도 하고 주위 여러 국가들이 콩고반군을 지원해 주었으나 게바라가 이끈 반군의 상황은 점점 악화되고 있었다. 결국 게바라는 쿠바 원정대를 철수시켜야 하는 상황에 몰렸고, 자신도 콩고를 빠져나오지 않을 수 없었다. 게바라는 콩고에서 5년 정도의 혁명투쟁을 계획했으나 불과 6개월 만에 자신의 꿈을 접어야 했다.

그런데 게바라는 이제 정착할 곳이 없게 되었다. 쿠바를 떠나올 때 마지막 작별 편지를 카스트로에게 써 주었는데, 카스트로가 쿠바공산당 취임식에서 이 편지를 공개해 버린 것이다. 그 편지에 의하면, 쿠바를 영원히 사랑한다고 하면서 쿠바에서 가졌던 모든 것, 심지어 쿠바국적까지 포기한다고 했다. 이러한 약속이 공개되어 버린 상황에서 게바라는 자존심 때문에라도 쿠바로 다시 돌아갈 수 없었다.

게바라는 카스트로의 배려로 탄자니아의 쿠바대사관에 6개월 정도 머물면서 콩고투쟁과 관련한 글을 남겼다. 이 자료에 따르면, 당시 콩고 동부지역에 전개되고 있던 반란 상황에서 게바라는 자신이 콩고로 입국한다는 것을 콩고의 반군지도자들에게 통보하거나 동의를 구하지 않고 잠입했다고 한다. 게바라가 반군지도자들과 사전에 어느 정도 협의를 한 후 콩고로 들어갔으면 이들을 원만하게 이끌어 나갈 수 있었을 것이다.

그런데 막상 반군지도자들을 만나 보니 협조가 잘 이루어지지 않았다. 게바라는 자신을 따라오면 모든 일이 잘 풀릴 것이라는 자만심이 있었던 것 같다. 게바라가 콩고 상황을 분석해 보니 게릴라전이 승리하기 어렵다는 느낌을 가졌다고 했다. 반군지도자들의 부패, 지역민들의 조직화 문제, 낮은 신뢰, 그리고 게릴라들의 훈련 부족 등이 문제였다고 게바라는 판단했다.[41] 게바라는 이런 문제들의 원인은 모두 준비가 부족했던 자신에게 있다는 점을 통감하고 자기반성을 통해 미래를 대비하고자 했다.

탄자니아에 임시로 체류했던 게바라는 카스트로의 권유

41) 위의 책, pp.106-107.

로 쿠바로 돌아갔다. 물론 게바라는 철저히 변장을 해 귀국했기 때문에 극소수 인사를 제외하고는 그가 쿠바에 입국한 것을 알지 못했다.

처음에 카스트로의 설득에도 게바라는 쿠바로 가는 것을 거부했다고 한다. 게바라의 자존심 문제가 쿠바행을 받아들이지 않은 이유가 될 수 있었을 것이지만, 보다 중요한 이유는 소련과 카스트로와의 관계에서 자신의 귀국이 정치적 걸림돌로 작용할 수 있다고 생각했기 때문이다.[42] 게바라는 쿠바로 가지 않고 새로운 혁명을 위해 바로 볼리비아로 가려고 했다. 그런데 그 당시 볼리비아의 상황이 혁명을 도모하기에는 아직 무르익지 않았다고 판단한 카스트로는 게바라의 볼리비아행을 말렸다. 혁명성공 이후 카스트로는 게바라와 더불어 라틴아메리카에 새로운 게릴라부대의 수출을 원했지만 무모한 혁명 활동은 자제했다.

쿠바로 몰래 들어간 게바라는 잠시 아내 알레이다와 함께 평온한 날을 보내기도 했다. 하지만 그의 관심은 다시 혁명을 꿈꾸며 어느 한 국가를 선택해 혁명을 시작하는가에 있었다. 게바라는 최종적으로 볼리비아행을 결정한 후 혁명에 참가할 요원들을 선발했다. 그는 게릴라전을 시도

42) 앤더슨 저(2), 앞의 책, p.597.

할 국가로 아르헨티나와 페루 등을 고려했으나, 볼리비아를 라틴아메리카 해방의 전초기지라고 여겼고 최상의 혁명적 잠재력을 가지고 있는 나라라고 판단했다.[43] 남아메리카의 5개 국가와 국경을 접하고 있는 볼리비아를 장차 라틴아메리카 민족해방군을 구성할 공작기지로서 전략적으로 유용한 지역이라고 게바라는 생각했다.[44]

또한 당시 인구 500만 명이 되지 않은 볼리비아는 인구의 반 이상이 국토면적의 10분의 1에 해당하는 지역에 몰려있었기 때문에 게릴라전을 하기에 적합한 곳이라고 평가했다.[45] 볼리비아는 농사를 지을 땅이 많아 어지간하면 대부분의 주민이 먹고 사는 데에 지장이 없을 것으로 생각되었다. 하지만 볼리비아 인구 중 70%를 차지하는 원주민의 삶은 한마디로 비참함 그 자체였다. 이들의 삶은 철저히 중앙정부로부터 무시되었고 부정과 부패가 온 나라를 휩쓸고 있었다.[46] 게바라는 볼리비아 혁명투쟁이 제2, 제3의 베트남을 만드는 불씨가 되어 혁명이 라틴아메리카 전역으로

---

43) 김영범, 앞의 책, pp.108-109.

44) 리우스 저, 앞의 책, p.82.

45) 구광렬, 『체 게바라의 홀쭉한 배낭』, 실천문학사, 2009, p.180.

46) 성장환, "체 게바라와 말콤 X의 생애와 이들이 남긴 시사점", 초등교육연구논총, 제34권 2호, 2018, p.8.

전파되기를 원했다.

1966년 11월 게바라는 볼리비아공산당이 쿠바 혁명원정대를 호의적으로 받아줄 것을 기대하면서 사전에 아무런 연락도 하지 않고 볼리비아로 잠입했다. 볼리비아에 들어간 게바라는 볼리비아인들과 합류해 반정부활동을 위한 작전을 구상했다. 그런데 게바라와 볼리비아공산당 대표와의 견해차이로 볼리비아에서 자력으로 혁명을 이끌어가야 할 처지에 놓여버렸다.

볼리비아로 들어가기 전에 볼리비아공산당과 협의를 거치지 않고 잠입한 것은 대단한 실수였다. 마치 콩고에서의 실패를 다시 보는 듯했다. 게릴라활동의 보호막이 되어주길 기대했던 농민들도 적극적인 지지자가 되지 않았다. 볼리비아에서는 농민이 토지를 소유하게 하는 농지혁명이 일부 진행되고 있었기 때문이었다. 볼리비아정부에 반대해 농촌지역과 산악지역을 이리 저리 옮겨 다니면서 게릴라전을 벌였으나 별다른 성과를 얻지 못하고 오히려 정부군의 공격을 피하는 데 급급했다.

볼리비아정부는 국민들의 강한 민족주의적 성향을 활용해 게바라와 같은 외국인이 농민들과 협력하지 못하도록 대대적으로 선전했다. 정부는 공산당을 불법조직이라고 선언하고 이동하는 게바라부대를 분리시키면서 압박했다. 설상가상으로 포로가 된 대원이 게바라의 존재를 발설해 버렸다. 게바라가 볼리비아에 밀입국해 반정부조직을 이끌고 있다는 정보를 입수한 미국 CIA가 본격적으로 개입했다. 게바라 부대는 정부군과 미국 CIA에 쫓겨 점점 전력이 약화되었다. 극심한 피로감과 굶주림으로 반군의 사기는 형편없이 저하되었고 정부군의 공격으로 대원들이 하나 둘 죽어나갔다.

게릴라투쟁을 한 지 11개월이 지나자 이제 게릴라부대는 더 이상 버티기 어려운 상황으로 몰렸다. 정부군에 포위된 게릴라대원들은 사살되거나 잡혔다. 부대를 이끌던 지도자 게바라도 몇 군데 총상을 입고 포로로 잡혔다. 볼리비아정부는 포로가 된 게바라를 어떤 식으로 다루어야 할지 고민을 했다. 게바라를 법정에 세워 처리하는 것은 세간의 관심을 집중시키는 일이 될 것이며, 살려두면 여러 가지로 문제가 생길 것을 우려했다. 이 와중에 볼리비아의 바리엔토스대통령이 미국 CIA의 압력을 받은 후 게바라의 사살을 지시했다.[47] 결국 1967년 10월 9일 게바라는 볼리비아군

47) 구광렬, 앞의 책, p.269 ; 코르미에 저, 은위영 역, 『체 게바라』, 시공사, 2005, p.108. 그런데 이 입장과 다른 주장도 있다. 볼리비아의 바리엔토스대통령이 게바라를 죽이라고 명령했으나, 미국은 게

에 의해 총살 당했다.

때로는 이상주의자였고 때로는 유능한 전략가였던 한 혁명가가 자신의 뜻을 펼쳤지만 그 열매를 맺기 전에 쓰러지고 말았다. 라틴아메리카의 수탈당하는 민중을 해방시키기 위한 유일한 방법은 무장투쟁이라고 하면서 이를 실천에 옮기고자 했던 게바라는 이렇게 세상을 등지고 말았다.

아쉽게도 게바라는 현실상황에 대해 정확한 판단을 하지 못하고 자신의 이상에 너무 치중한 나머지 콩고와 볼리비아에서의 투쟁에서 실패했다고 여겨진다. 그는 진정한 저항은 말을 통해서가 아니라 행동을 통해서 해야 한다고 주장했다. 부정의와 압제에 대항해 투쟁하는 자만이 투쟁으로부터 자유로워질 수 있다고 했다.

볼리비아정부는 게바라의 시신을 아무도 모르게 없애도록 군부에 지시했다. 이에 볼리비아군은 바예그란데 활주로 근처에 파놓은 구덩이에 게바라의 시신을 매장시켰다. 당시 극히 일부 사람들을 제외하고는 게바라의 시신이 어디에, 어떻게 처리되었는지 몰랐다. 언론을 통해 게바라의 사망을 알게 된 쿠바의 카스트로는 그를 위해 사흘 동안

바라를 살리려 했다는 견해가 있다(앤더슨 저(2), p.711). 필자는 피그만사건 이후 지속적으로 가졌던 미국의 입장이 게바라 제거라고 판단해 전자의 견해가 더 타당성을 가지고 있다고 생각한다.

국장(國葬)을 선포하고 애도했다.

죽은 지 30년이 되던 1997년 우연한 일로 게바라의 시신이 발견되었다. 볼리비아육군 장교 한 사람이 자신의 처우에 불만을 품고 외국 기자에게 게바라의 시신이 묻혀있는 곳을 누설해 버린 것이다. 이 정보에 따라 쿠바와 아르헨티나 발굴단이 볼리비아정부의 묵인 하에 발굴을 시작했다. 바예그란데 근처 라 이게라 마을에서 시신이 발견되었다. 이때 게바라 가족은 게바라를 아르헨티나로 운구할 것을 희망했으나 아르헨티나는 게바라를 맞을 상황이 아니었고 또 준비도 되어있지 않았다. 결국 게바라의 시신은 쿠바의 산타클라라 기념관[48]으로 옮겨 안치되었다.

4. 체 게바라의 한계와 시사점

1960년대 아프리카와 라틴아메리카의 억압받던 민중을 해방시키기 위해 혁명을 행동으로 옮긴 게바라는 때마침 서구에서 일어난 민권운동과 포스트모더니즘의 영향을 받아 저항의 상징이 되었다. 게바라가 죽은 지 50년이 지났다. 그럼에도 게바라는 지금도 불의에 항거하는 징표이자

48) 쿠바혁명 때 쿠바반군이 정부군을 크게 패퇴시킨 산타클라라 전투를 기념해서 지은 건물이다.

혁명의 아이콘으로 남아있다.

여기서 게바라를 저항의 상징이자 불의에 항거하는 아이콘으로 새롭게 태어나게 만든 계기가 궁금해진다. 그것은 아마 게바라의 시신을 깨끗하게 정리한 후 사망 확인을 위해 이를 사진으로 찍어 국내외에 공개한 볼리비아정부의 처리에 있었던 것 같다. 게바라의 부활은 이렇게 시작되었다.

이와 더불어 1960년 코르다라는 사진작가가 찍은 게바라 사진이 엄청난 인기를 끈 것도 한몫을 했다. 볼리비아정부는 소리없이 퍼져나가 확산되는 게바라의 이미지를 막을 수 없었다. 게바라는 신격화되고 있었다. 볼리비아에서 죽은 게바라는 순교자가 되었다.

게바라는 자신의 희생을 통해 새로운 사회를 건설해 보겠다는 이상을 실천한 사람이기 때문에 생명력을 가지게 되었다. 또한 역설적이게도 게바라라는 인물이 정치색이 배제된 채 상업적으로도 살아남았기 때문에 현재까지 인기가 있고 많은 사람들이 좋아하는 것 같다. 앞으로도 유명한 스포츠맨, 예술가 혹은 시위자들이 그를 활용함으로써 생명을 유지시켜 나갈 것 같다.[49]

49) 지금까지 스포츠계의 가장 두드러진 브랜드 중 하나는 마이클 조던의 '에어 조던'인 듯하다. 조던은 2003년 농구계를 은퇴했지만 그를 상징하는 '에어 조던'이라는 브랜드는 앞으로도 꽤 오래 기억될 것

게바라의 이상적이면서도 열정 가득한 혁명가적 이미지는 현실적 측면보다 신비적 측면을 더 느끼게 해 준다. 그의 이상주의적 혁명론은 자본주의가 가장 먼저 그리고 가장 크게 발전했던 유럽과 미국에서 68혁명의 우상으로 등장했다. 베트남전쟁을 반대하던 시위에서 게바라의 얼굴을 담은 티셔츠가 유행했으며, 라틴아메리카의 많은 대학에서 지식인, 학생, 노동자 등이 정권의 부정부패와 보수화 등에 반대시위를 할 때 게바라의 정신이 함께 했다. 혁명을 만드는 것이 혁명가의 임무라는 게바라의 호소[50]에 많은 사람들이 동조했던 것이다.

2015년 미국과 수교 후 미국인을 포함해 많은 외국관광객들이 쿠바를 방문하고 있다. 2016년만 해도 300만 명 이상이 쿠바를 방문했는데, 이들 중 다수는 세간에 유명해진 외국인 두 사람의 행적을 찾아 쿠바를 들린다고 한다. 한 사람은 '노인과 바다'를 쓴 헤밍웨이[51]이고 다른 한 사람은 게바라이다.

같다. 그것은 조던과 관련한 스토리와 시장이라는 존재가 있기 때문이라 여겨진다.

50) 잉그리트 길혀-홀타이 저, 정대성 역, 『68운동: 독일 · 서유럽 · 미국』, 들녘, 2006, p.13.

51) 소설가 헤밍웨이는 1940~50년대 쿠바에 머물면서 작품을 썼는데, 지금도 많은 사람들이 헤밍웨이가 살았던 집을 방문한다고 한다.

게바라는 소수 게릴라투쟁이 혁명을 성공시킬 수 있고 나아가 개인의 절제를 통해 새로운 인간을 만들어냄으로써 모든 사람이 행복하게 되는 사회주의사회를 창출할 수 있다고 믿었다. 그렇지만 그의 확신에 찬 주장은 다양한 혁명의 방법을 찾는 데 걸림돌이 되기도 했다. 또한 과도한 낙관적 이상이 오히려 콩고와 볼리비아의 게릴라전을 실패하게 만든 한 원인이 되었다고 여겨진다. 그의 실패와 성공을 함께 음미해 본다면 그가 남긴 유산을 찾을 수 있을 것이다.

독재권력의 억압으로부터 민중을 해방시킨 혁명가가 목적을 달성한 후 다시 혁명가의 길을 걸은 사례는 거의 없었던 것 같다. 민중혁명으로 권력을 잡은 자는 그 권력을 유지하고 보존하는데 온 힘을 쏟는다. 하지만 게바라는 달랐다. 그 자신 혁명에 성공한 후 부와 명예 등 많은 것들을 가졌고 또 평생을 호사스럽게 살 수 있었으나 젊을 때부터 체화된 신념과 의식이 이를 용납하지 않았다.

그는 자신의 모든 것을 버리고 자기가 품었던 이상, 즉 억압받고 고통받는 민중의 해방을 위해 헌신했다. 게바라는 자유와 정의라는 대의를 위해서, 그리고 비인도적인 죽음을 맞이하는 사람들을 위해 목숨을 기꺼이 버렸다.[52] 게바라는 단순한 공상가가 아니라 자신이 직접 보고 인식한 부정의를 바로잡고자 노력한 혁명가였다. 게바라는 볼리비아의 오지에서 죽었지만, 죽음과 동시에 영원한 생명을 얻었다고 할 수 있다.

세상 사람들이 게바라를 사회정의를 실현하기 위해 노력한 진정한 혁명가로 생각하든, 자본주의사회에서 이윤추구의 수단으로 이용되는 인물로 생각하든, 게바라는 전세계 많은 사람들에게 유명인사로 기억되고 있다. 게바라의 모험적 혁명론과 사회주의적 이상론에 동의하든 동의하지 않든, 오직 고통받던 민중을 위해 모든 것을 바친 게바라의 삶은 현재를 사는 많은 사람들에게 큰 울림을 주고 있다.

---

52) 맥라렌 저, 강주헌 역, 『체 게바라, 파울루 프레이리: 혁명의 교육학』, 아침이슬, 2008, p.204.

CHAPTER II_

말콤 X

(Malcolm X, 1925-1965)

Chapter II_

말콤 X(Malcolm X, 1925-1965)

1. 흑백차별과 미국역사

"만나서 반갑습니다, 말콤."

"안녕하세요, 마틴."

1964년 3월 26일 위대한 흑인지도자 말콤 X(이하 말콤)와 마틴 루터 킹(이하 마틴)이 미국 국회의사당에서 만나 인사를 나누는 장면이다. 두 사람은 인종차별주의에 반대하고 흑인(아프리카계 미국인)의 자유를 향해 함께 투쟁했으나 같이 만난 것은 이날이 처음이자 마지막이었다.[1)]

미국에서 흑백차별 반대운동은 크게 두 가지 흐름이 있다. 하나는 흑백통합주의이고 다른 하나는 흑인민족주의이다.

---

1) 콘 저, 정철수 역, 『맬컴X vs. 마틴 루터 킹』, 갑인공방, 2005, p.17.

1964년 미국 국회의사당에서 마주친 말콤 X(오른쪽)와 마틴 루터 킹.

통합주의자의 주장을 한마디로 요약한다면, “당신은 미국인이면서 동시에 흑인이 될 수 있는가?”라는 질문에 “그렇다.”고 대답하는 시각이다. 흑인은 유럽에서 온 백인보다 먼저 아메리카에 정착했고, 대지를 일구었고 납세의 의무를 지켰으며, 전쟁이 일어날 때마다 미국을 지켰다. 그래서 통합주의자는, 백인이 주창하는 가치와 흑인을 다루는 현실사이의 모순을 보여줌으로써 백인이 양심의 가책을 느끼도록 하는 것이다. 그렇게 하면 백인은 자신들의 위선에 당황하고 반성하면서 흑인에게 자신들과 똑같은 자유를 보장하게 될 것이라고 주장한다.[2] 통합주의자는 언젠가는 미국에서 흑인도 백인과 동등한 시민권을 얻을 수 있을 것이라고 믿었다. 즉 그들은 정치적 권리획득에 큰 비중을 두었다.

통합주의자는 법적으로 백인이 흑인을 동등하게 대우해줄 때만 가능하다고 믿고 있었으나 흑인교파에 속하는 흑인 성직자들은 자신들의 교회를 백인교회와 통합하려는 노력은 하지 않았다. 만약 흑백교회를 통합하려고 한다면 흑인들의 종교적·문화적 정체성이 파괴될 것을 우려했기 때문이라고 할 수 있겠지만, 흑인으로서 자신의 영향력이 줄어

---

2) 위의 책, pp.20-21,

들 것을 염려한 측면[3]도 있었다고 여겨진다.

한편, 흑인민족주의는 "당신은 미국인이면서 동시에 흑인이 될 수 있는가?"라는 질문에 양쪽 모두일 수는 없다는 시각이다. 이것은 흑인의 정체성 가운데 미국적 요소를 부정하고 아프리카적 요소를 받아들인다. 200년 이상 법적·사회적 차별, 정치적 시민권의 박탈, 경제적 착취로 고통받고 있는 흑인이 앞으로도 백인 사회에서는 인간으로 인정받을 수 없다고 주장한다. 그러므로 흑인은 아프리카로 돌아가거나 혹은 자신들의 고유한 역사와 문화를 바탕으로 한 사회를 만들 수 있는 다른 장소를 마련함으로써 미국과 분리되어야 한다는 것이다.[4] 흑인민족주의자는 단순히 노예제나 억압에 한정된 것이 아니라, 흑인과 백인이 맺는 관계 속에서 백인의 인종적 정체성에 근본적 문제가 있다고 주장한다. 백인이 흑인을 자신들과 동등한 존재로 간주하는 인간성을 가진다는 것은 상상할 수 없다고 흑인은 절규한다. 그래서 흑인이 스스로를 통치할 수 있도록 백인과 완전히 분리되는 것이 진정한 흑인의 자유를 얻는 것이라고 주장한다.

---

3) 위의 책, p.40.

4) 위의 책, p.21.

대부분의 흑인민족주의자는 흑백의 분리를, 흑인이 미국에서 아프리카나 라틴아메리카 등으로 이주하는 것을 의미했다.[5] 그런데 많은 흑인들은 미국과 완전히 분리될 경우 정치적 · 경제적으로 생존하기 어렵다는 것을 알고 있었다. 그래서 다수의 흑인 대중들은 미국과의 분리를 주장한 흑인민족주의가 극단적 시각이라고 하면서 이에 대해 반대했다.[6] 흑인들에게 아메리칸 드림 대신 아프리칸 드림을 심어주었음에도 현실적 상황과 상당한 틈이 있었다는 점이 흑인민족주의의 한계였다고 생각된다.

흑백통합주의를 주장한 대표적 인물은 마틴이다. 그는 흑인과 백인의 공존을 통해 인종차별을 없애야 한다고 주장했다. 반면, 흑인민족주의를 주장한 대표적 인물이 말콤인데, 그는 흑인은 백인과 분리되어 살아야 진정한 의미의 차별을 없앨 수 있다고 보았다. 그래야 최소한의 인간으로서의 품위와 존엄을 유지할 수 있다는 것이다.

인종차별을 없애기 위한 두 흐름이 각자의 주장만을 강조하고 있는 것 같지만, 사실 그것은 흑백차별 철폐를 위한 방법상 차이이지 본질은 같다. 특히 1960년대에 들어 말

5) 위의 책, pp.30-31.

6) 위의 책, pp.40-41.

콤과 마틴은 서로의 주장에 공감하고 서로를 필요로 하면서 함께 미국사회를 변화시키려고 노력했다. 하지만 두 사람이 함께 하기에는 시간이 너무 짧았다.

여기에서는 흑백차별 반대를 통해 흑인들이 인간으로서 최소한의 존중을 받기 위해 모든 것을 바친 말콤의 생애를 살펴보고자 한다. 말콤의 삶 조명은 많은 국가에 존재하고 있는 인종차별 문제뿐만 아니라 다문화사회로 가고 있는 우리사회의 인종적 편견문제를 되짚어볼 수 있다는 점에서 나름의 의미가 있다고 여겨진다.

최근까지도 미국사회에서 흑백차별을 없애기 위해 혼신의 힘을 쏟은 대표적 인물로 마틴과 함께 말콤을 들고 있다. 말콤의 삶을 추적함에 있어 왜 그가 그렇게 백인중심사회인 미국사회를 비판하면서 흑백분리를 주장했는가를 이해할 필요가 있다. 이를 위해 먼저 미국의 역사를 간략히 알아보기로 한다.

북아메리카에 들어온 영국인들은 1607년 버지니아 주에 최초의 식민지 제임스타운을 건설했다. 이어 1620년 영국의 종교박해를 피하여 메이플라워호를 타고 청교도인들이 종교의 자유를 찾아 북아메리카에 식민지를 건설하였다. 1733년까지 영국은 대서양 연안에 정착한 후 13개 식민지를 건설하였다.

영국은 식민지 미국을 직접 통치하지 않고 봉건적 형태로 지배했다. 18세기 영국은 외국과의 전쟁 등으로 재정적 압박을 받고 있었는데, 이 재정난을 극복하기 위해 식민지 미국에 설탕조례, 인지조례 등을 시행해 세금을 거두었다. 이에 식민지 버지니아의회는 대표없는 과세는 식민지의 자유를 억압하는 것이라고 하면서 반대했다. 그럼에도 영국이 계속적으로 식민지 미국에 대해 관세부과(차, 종이 등)를 확대하자 극렬히 저항했다.

1773년 미국 독립혁명의 도화선이 된 보스턴 차 사건이 발생했다. 영국은 보스턴 차 사건을 활용해 식민지에 더욱 더 가혹한 세금을 부과하고 보스턴항을 봉쇄하면서 자유를 억압하였다. 이에 대해 식민지 미국은 단합해 영국에 항거하였는데, 이러한 과정에서 1775년 4월 영국과 식민지 미국과의 전쟁이 발생하였다.

식민지 미국은 1775년 5월 식민지 대륙회의를 열어 워싱턴을 총사령관으로 임명하였다. 이어 1776년 7월 필라델피아에 13개 식민주 대표가 모여 독립선언문을 공포하였다. 영국과의 전쟁에 승리한 후 1783년 9월 파리조약을 통해 미국은 독립하였다.

미국은 자유와 평등 그리고 정의를 실현하기 위해 유럽으로부터 이주해 온 백인들이 세운 국가이다. 그런데 이들은 북아메리카에 정착한 이후부터 수많은 원주민을 학살했으며, 원주민들을 공존할 사람으로 인정하지 않았다. 영국의 식민지 시기를 전후해 미국에 흑인들이 유입되었으며, 미국 독립 이후에 산업이 발전했던 북부 코네티컷, 뉴욕, 뉴저지 등 일부 주는 노예제를 폐지하고자 했다.

하지만 다수의 주들은 여전히 흑인들을 노예, 즉 물건과 같이 취급했고 사람으로 인정하지 않았다. 특히 남부지역에는 목화와 담배가 주된 생산품이었기 때문에 많은 노동력이 필요했다. 그래서 노예제도 폐지에 강력히 반대했다. 북부지역의 노예제도 폐지 주장과 남부지역의 폐지반대 주장은 미국사회 전반에 큰 영향을 미쳤다. 미연방에 새로 편입되는 주의 핵심 사안은 노예제도 인정과 비인정 문제라 해도 과언이 아니었다.

1860년 대통령선거에서 당선된 링컨은 노예제도의 확대에는 반대했으나 노예제도 폐지론자는 아니었다. 링컨대통령은 사실 연방의 존속을 위해 노예제도를 적절히 활용하려고 했다. 그런데 사우스캐롤라이나, 미시시피 등 남부 6개 주가 연방을 탈퇴한 후 남부연합을 조직하자 링컨은 어쩔 수 없이 전쟁을 해야 했다. 처음에는 연방을 지키기 위한 전쟁으로 시작했는데, 나중에는 남부지역의 노예를 해방시키기 위한 전쟁으로 전투를 치렀다. 1865년 남북전쟁이 끝난 후 노예해방 관련조항을, 1869년에는 흑인에게도 투표권을 보장하는 조항을 각각 수정헌법을 통해 넣었다.

이제 헌법상으로는 흑인과 백인의 차별이 없어졌다. 하지만 실제 생활에서 흑백차별은 여전히 존재했다. 공식적으로 흑인과 백인은 동등한 미국 시민이 되었지만 실질적으로 흑인이 할 수 있는 일은 거의 없었다. 흑인은 저임금 노동직, 일용직 등 힘들고 어려운 일자리 외에 변호사, 교수 등 선호하는 직업을 거의 가질 수 없었다. 여전히 흑인은 경제적 어려움 때문에 백인의 종속인으로서의 역할을 할 수밖에 없었다. 흑인이 백인과 동등한 시민이 되기 위해서는 아직도 갈 길이 한참 멀었다.

이러한 과정에 흑백차별을 반대하면서 흑인은 백인과 분리되어 살아야 진정한 흑백평등을 이룰 수 있음을 주장하며 등장한 한 인물이 있었으니, 그가 바로 말콤이다.

2. 말콤의 출생과 성장과정

1925년 말콤은 미국 네브래스카 주 오마하에서 태어났다. 지금도 인종 간 불평등이 존재하지만 당시에는 유색인종에 대한 백인의 차별은 엄청났다. 백인은 흑인을 온전한 사람으로 취급하지 않았으며, 흑인의 인권을 철저히 짓밟았다. 말콤의 아버지 얼 리틀(이하 얼)은 침례교의 순회목사이자 열렬한 흑인민족주의자였다. 얼은 흑인이 미국에 사는 한 결코 그들의 자유나 자존은 요원한 것이고, 주체적 삶을 살 수 없는 존재이므로 흑인의 원 고향인 아프리카로 돌아가야 한다고 주장했다.

얼은 마커스 가비라는 자메이카출신 흑인지도자를 추종하면서 가비의 "흑인이여, 아프리카로 돌아가자."라는 말을 흑인들에게 강력하게 전파했다. 얼은 백인들, 특히 백인비밀결사인 KKK단으로부터 수시로 위협을 받았으나 그의 주장은 한결 같았다. 말콤의 아버지 얼의 형제들이 백인에게 무참하게 살해당한 것이 하나의 동기로 작용했다고 할 수 있다. 말콤의 아버지는 미시간 주 랜싱의 흑인 교회를 순회하면서 목회활동을 했고, 시간이 날 때마다 가비의 말씀을 전파하였다.

말콤의 어머니 루이스는 얼의 두 번째 부인으로서, 흑인

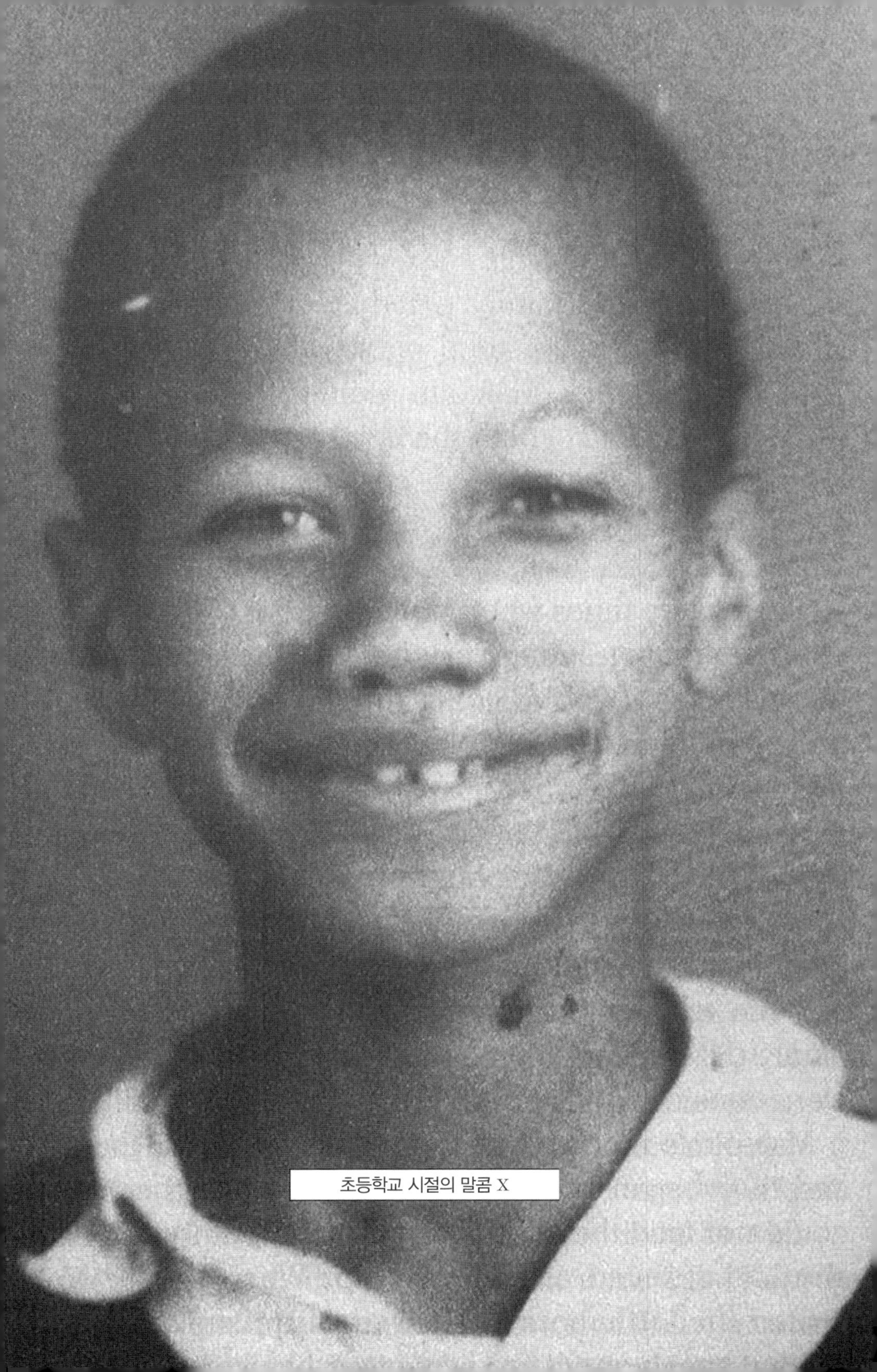

초등학교 시절의 말콤 X

이었지만 백인여자와 같은 외모를 가지고 있었다. 말콤의 외할머니가 한 백인남자(외할아버지)에게 겁탈당한 후 낳은 아이가 말콤의 어머니였다. 말콤의 어머니는 백인인 말콤의 외할아버지를 경멸했던 것 같다.

1929년 말콤이 네 살이 되던 어느 날 한밤중에 말콤 아버지의 주장을 괘씸하게 생각하던 백인들이 말콤의 집에 거칠게 총을 쏘면서 집을 불태워버렸다. 구사일생으로 빠져나온 말콤가족의 생활은 불안하기 그지없었다. 그럼에도 말콤 아버지는 꿋꿋하게 목회일을 하면서 흑인의 고향인 아프리카로 귀환해야 한다는 주장을 계속했다.

1931년 어느 날, 말콤의 어머니는 남편이 열차에 치여 사망했다는 백인경찰의 연락을 받았다. 당시 동네 흑인들은 강건했던 말콤의 아버지를 백인들이 죽였다고 항의했으나 그 뿐이었다. 백인들에게 얼이라는 존재는 죽이고 싶도록 미운 자였기에 백인들이 얼을 죽여놓고 열차사고라고 둘러댄 것으로 알려지고 있다.

말콤의 아버지가 사망한 후 말콤 어머니는 자식들을 키우기 위해 갖은 노력을 다했으나 점점 집안사정은 곤궁해졌다. 어머니는 부지런하고 성실한 사람이었다. 그녀는 백인처럼 생겼기 때문에 백인집안의 가정부나 식당의 종업원 등의 일을 하면서 가정을 이끌어 나가려고 발버둥쳤다. 그런데 그녀가 흑인이라는 사실이 드러나면 여지없이 해고를 당했다.

당시 미국에서는 극빈자를 위한 복지정책을 시행하고 있었다. 말콤의 어머니는 미시간 주의 백인 복지국 직원의 방문을 싫어했다. 복지국에서 제공하는 물품을 주면서 가족의 일에 일일이 간섭했기 때문이다. 말콤의 어머니는 백인들이 자기 집에 불을 지르고 자신의 남편까지 죽인 것에 대해 극도의 불만을 나타내면서 복지국의 도움을 받지 않으려고 했다.

이러한 갈등을 수시로 겪자 말콤 어머니는 점점 정신적으로 문제가 생기게 되었고 결국 정신병원에 입원했다. 정신병을 일으키게 된 일차적 원인은 남편의 억울한 죽음에 있었다고 할 수 있지만, 또 하나의 원인은 미시간 주 복지국 직원의 횡포와 멸시에 있었다. 미국사회에 뿌리박혀 있던 흑백차별이 근본 원인이었던 것이다. 말콤의 어머니가 입원한 후 말콤의 형제들은 복지국과 법원의 결정으로 다른 가정으로 입양을 가야했다.

말콤은 영민한 아이였으나 사춘기가 되면서 성격이 비뚤어지기 시작했다. 견디기 힘들었던 가정사, 어려운 가정형편, 아버지의 부재에 따른 외로움, 가족과 떨어져 입양된 데에 대한 불안감 등[7]으로 인해 말콤은 학교에서 점점 말썽쟁이로 변했다. 학교에서 문제아로 낙인찍힌 말콤은 퇴학을 당한 후 동네를 돌아다니면서 말썽을 일으켰고 결국 미시간 주 랜싱소년원에 수감되었다. 다행히 말콤은 마음을 어느 정도 잡고 소년원에 마련되어 있던 중학교에 들어갔다. 소년원 생활에 적응한 말콤은 우수한 성적을 나타내었고 반장으로 선출되기도 했다.

말콤이 소년원에 있을 때 보스턴에 살고 있던 누나 엘라가 그를 방문했다. 혼자의 힘으로 어느 정도 자리를 잡은 엘라는 말콤에게 보스턴의 자기 집에 와도 좋다고 했다. 소년원의 허락을 받아 말콤은 엘라를 방문했다. 보스턴은 지금까지 말콤이 지내왔던 랜싱과는 차원이 다른 도시였다. 생전 처음으로 흑인과 백인이 자연스럽게 팔짱을 끼고 거리를 다니는 것을 보았고, 흑인전용 교회가 있다는 것도 처음 알게 되었다.

소년원을 나갈 때가 가까워지자 말콤은 장래에 어떻게, 무엇을 하면서 살아갈지 고민을 하였다. 어느 날 수업이 끝난 후 말콤은 교실에서 시험공부를 하고 있었다. 그때 그를

---

7) 김도언, 『검은 혁명가 말콤 X』, 이룸, 2005, p.47.

10대 때의 말콤 X

가르치던 영어선생님이 말콤을 발견하곤 교실에 들어와 말콤을 칭찬하면서 앞으로 어떤 직업을 갖고 싶은지 물었다. 말콤이 잠시 생각하다가 변호사가 되겠다고 대답했다. 이 대답에 선생님은 놀라면서 말콤이 똑똑하고 공부도 잘 하지만 흑인이기 때문에 변호사보다 목수를 하는 것이 낫겠다고 말콤에게 말했다.

그 선생님은 자기보다 덜 똑똑한 백인 학생에게는 하고자 하는 직업을 갖도록 조언해 주었다. 백인 여학생이 교사가 되면 좋겠다고 했을 때 이 학생을 적극적으로 격려해 주었다. 자신이 흑인이었기 때문에 그와 같은 차별을 받는다는 생각이 말콤을 혼란스럽게 만들었다.

그 일을 계기로 말콤은 변하기 시작했다. 자신의 꿈을 여지없이 꺾어버린 선생님의 말에 너무 실망한 말콤은 점점 사회에 대한 반항아로 변했다. 학교공부는 뒷전이었고 친구들과도 어울리지 않았다. 책도 더 이상 읽지 않았다. 흑인을 무시하는 백인을 더 이상 믿지 않았다. 이제 말콤은 백인이라면 어느 누구도 믿지 않았다.

보스턴에 살던 누나 엘라에게 자주 편지를 보내면서 그곳에 가서 지내고 싶다고 했다. 소년원을 나온 말콤은 누나의 배려로 자신의 인생을 바꾸게 된 보스턴으로 가게 되었다. 랜싱에서 보스턴으로의 탈출에 대해 말콤은 일생 동안 가장 큰 영향을 준 사건 중 하나라고 생각했다.

랜싱에서 갓 올라온 말콤은 거대한 보스턴의 위용에 위축되었지만 엘라의 자상한 배려로 조금씩 적응해 나갈 수 있었다. 보스턴의 분위기를 알기 위해 시내를 돌아다니다가 부자들이 많이 살고 있다던 록스베리라는 곳을 방문해 보았다. 그런데 록스베리에 살고 있는 흑인들은 스스로를 상류층이라고 호기부리며 빈민가에서 생활하는 흑인들을 무시하고 얕잡아보았다.

말콤은 자칭 상류층이라고 뻐기는 이들은 교육수준이 높고 안정된 직장을 가지고 있는 것으로 생각했다. 하지만 빌딩의 수위, 증권회사 심부름꾼, 구두닦이, 백인의 요리사, 혹은 하녀 등 실제로는 별로 내세울 것 없는 일에 종사하는 흑인들이 대부분이었음에도 거들먹거리며 위엄있게 행세했던 것이다.

어쩌면 말콤 자신도 다른 흑인들과 같이 될 수 있었다고 생각했다. 만약 그 백인 선생님이 말콤에게 변호사가 되라고 자신을 격려해 주었다면 아마도 이중인격자 백인들에게 흑백 통합을 해 달라고 구걸하면서 그들의 식탁에서 빵 조각 몇 개를 더 얻어먹으려고 했을 것이다. 칵테일을 홀

짝거리면서 입으로는 지역사회의 대변인이나 고통받는 흑인들의 지도자인 척 행세하는 어느 도시의 흑인 중산층에 속해 있었을 것이며, 그 때 보스턴으로 가지 않았다면 세뇌된 흑인 기독교도로 남아있었을 것[8]이라고 회상한 적이 있다.

흑인들이 랜싱에서 '성공했다'는 의미가, 구두닦이나 수위를 그대로 보스턴으로 옮겨놓은 것과 다름없다고 말콤은 생각했다. 한 가지 차이가 있다면 보스턴의 성공한 흑인은 랜싱의 흑인보다 백인 흉내를 더 잘 내었으며 더 철저하게 백인의 생활에 세뇌되었다는 것[9]이라고 말콤은 평가했다.

보스턴의 분위기를 대충 파악한 말콤은 우연히 들른 당구장에서 고향친구 쇼티를 만난다. 당구장에서 일하던 쇼티를 통해 보스턴의 뒷골목과 암흑가를 점점 알게 되었다. 쇼티와 함께 무도장의 구두닦이, 식당 보조를 하면서 술, 담배, 대마초 등을 접하게 되었고 뚜쟁이노릇도 하게 되었다.

이런 저런 잡다한 일을 경험한 후, 말콤은 기차 안에서

8) 헤일리 기록, 김종철 외 역, 『말콤 엑스 상』, 창작과비평사, 1993, p.70.

9) 위의 책, p.72.

물건을 파는 철도원으로 취직한다. 1941년 일본의 진주만 폭격으로 미국은 제2차 세계대전에 참전하게 되었다. 2차 대전으로 인해 많은 젊은이들이 징집되었다. 철도원들도 예외가 아니었다. 이 기회를 틈타 말콤이 철도회사에 일을 할 수 있게 된 것이다.

말콤은 뉴욕, 특히 할렘을 가고 싶었다. 어릴 때 말콤의 아버지가 마커스 가비를 기리는 사진을 보여준 적이 있었다. 브로드웨이에서 벌어지는 유명악단의 연주, 흑인스타의 탄생 등 매력적인 뉴욕에 대한 갈증이 컸다. 하지만 아무런 연고도 없고, 돈도 없는 처지에서 뉴욕으로 갈 수는 없었다.

이제 말콤은 기차에서 일하게 되어 꿈에 그리던 뉴욕을 갈 수 있게 되었다. 철도회사에서 말콤은 4등 요리사라는 직책을 맡았는데, 말이 그렇지 승객들의 잔심부름을 하는 것이 고작이었다. 그럼에도 말콤은 이 일을 받아들였고, 뉴욕에 머물 땐 그곳 할렘의 분위기를 재빨리 익혔다. 처음 가 본 뉴욕은 보스턴과는 또 다른 세계였다. 뉴욕의 흑인들은 보스턴의 흑인들처럼 지나치게 으스대지 않았다. 나름의 품위를 지키며 살고 있는 흑인들이 제법 많았다. 가난과 멸시를 받지 않고 사는 흑인들이 있다는 것을 느꼈다. 물론 말콤의 착각이었지만 말이다.

뉴욕에 갈 때마다 말콤은 할렘을 돌아다니면서 술집과 바를 찾았다. 마치 그가 무슨 스타가 된 것처럼 할렘의 밤을 즐겼다. 말콤이 헛된 꿈을 좇으며 술집과 바를 흥청거리며 휘젓고 다니고 있을 때에도 많은 흑인들은 백인의 무시와 멸시, 천대를 받으며 뒷골목의 지저분한 집에서 배고픔과 추위로 고통받고 있다는 사실을 말콤은 전혀 생각하지 못하고 있었다.[10)]

당시 철도회사에 근무하던 말콤의 근무태도는 엉망이었고 불성실했다. 흑인을 무시하는 백인들과 수시로 시비를 벌였고, 고객을 성의없게 대하기도 했으며, 근무 도중 술과 대마초에 취해 난폭한 행동을 하기도 했다. 이로 인해 결국 철도회사에서 해고를 당했다.

하지만 그때는 2차 세계대전 중이라 대도시에서 일할 수 있는 젊은 남성이 많지 않았다. 취직 걱정은 거의 하지 않아도 되었다. 말콤은 뉴욕에 정착하기로 작정하고, 그 전에 가족이 살고 있는 고향에 가서 인사라도 하기로 했다. 거들먹거리는 말콤의 태도와 행동을 본 고향사람들은 말콤이 뉴욕에서 점점 나쁜 방향으로 변하고 있음을 걱정했다.

10) 김도언, 앞의 책, pp.78–79.

이러한 걱정을 뒤로 하고 말콤은 세속적인 성공을 하면 되지 하면서 뉴욕으로 돌아왔다. 이제 그는 본격적으로 할렘의 생존방식을 익혔다.

흑인들은 주로 마약밀매, 사기, 도둑질, 매춘, 노름 등을 통해 돈을 벌었다. 이들 가운데는 비싼 차를 타고 좋은 옷을 입고 큰소리치면서 떵떵거리며 사는 흑인들이 꽤 있었다. 이들과 수시로 사귀면서 지내다 보니 말콤은 돈만 있으면 무슨 짓을 해도 멸시받지 않는다는 잘못된 생각을 하게 되었다.

말콤은 유흥장의 심부름꾼 노릇을 하면서 겨우 생활비를 벌었는데, 주위의 돈 잘 벌고 으스대며 사는 흑인을 보면서 마음이 다급해졌다. 어서 많은 돈을 벌어 성공해서 고향으로 가기 위해선 뭔가 다른 방도가 필요하다고 생각했다. 당시의 술집에서는 남자고객에게 여자를 소개해 주는 것이 불법이었다. 조급한 나머지 말콤이 이 일을 하다가 경찰에 붙들렸다. 사정사정 끝에 겨우 풀려났으나 유흥장에서 쫓겨나 버렸다. 말콤은 이제 어떤 일이라도 마다하지 않았다. 절도, 마약밀매, 매춘, 사기 등 해 보지 않은 일이 없을 정도로 무지막지하게 돈을 벌려고 했다. 그러다 보니 말콤 스스로도 마약을 하게 되었고 여러 여자를 사귀면서 방탕한 생활을 하였다.

이러한 상황을 알게된 말콤의 동생 레지날드가 뉴욕으로 와 말콤을 만났다. 동생이 말콤에게 “가난하더라도 정직하게 살자.”라고 애원했으나 이미 너무 많이 변해버린 말콤에겐 마이동풍이었다. 말콤은 이제 할렘에서 유명한 마약 판매상이 되었다. 이 사실을 눈치챈 경찰이 말콤을 추적했다.

이에 더해 말콤은 절도단을 결성해 뉴욕의 고급주택과 상점을 털곤 했다. 어느 날 말콤이 훔친 시계를 고치기 위해 시계수리점에 들렀다. 고급시계를 맡긴 흑인을 수상하게 여긴 시계수리상이 경찰에 신고했다. 말콤은 경찰에 체포되어 재판에 넘겨졌다. 1945년 말콤이 20살이 되던 때였다.

10년형을 선고받은 말콤은 마약을 갑자기 중단했기 때문이기도 했지만 사회가 자기를 이렇게 만들었다고 생각하면서 자신의 죄를 뉘우치지 않고 반항했다. 말콤은 감방안의 기물을 부수고 다른 죄수와 교도관 등과 싸우면서 자신의 불만을 표출했다. 교도소에서는 이제 말콤을 사탄이라고 불렀다. 겨우 20살 밖에 되지 않았는데 10년 동안 감옥에서 복역해야 한다니, 엄청난 분노와 절망이 그를 괴롭

혔다.

지금의 감옥 안 현실을 되돌릴 수 없다는 생각이 들기 시작하자 서서히 잘못을 반성하기 시작했다. 말콤은 자신의 잘못된, 어리석은 행동으로 인해 다른 흑인들이 더 멸시를 받게 되었고, 가족이 자신으로 말미암아 엄청난 고통을 받게 만들었다고 생각했다. 감옥생활은 고통, 지루함, 후회, 무력감 등 미칠 것 같은 날의 연속이었다. 오직 그에게 위안을 준 것은 그의 가족이었다.

그런데 자기 아버지가 목사였고 또 독실한 기독교 집안이었음에도 말콤의 형제 몇몇이 이슬람교를 믿고 있었다. 특히 뉴욕에 와서 말콤을 만난 적이 있는 동생 레지날드가 말콤에게 이슬람교를 받아들일 것을 권했다. 처음에는 레지날드의 이슬람교 권유를 이상하게 생각하면서 받아들이지 않았다.

레지날드는 감옥에 갇혀있는 말콤에게 진지하게 이슬람교를 받아들이라고 끈질기게 설득했다. 특히 그는 말콤에게 꾸준히 편지를 보냈다. 기독교는 백인의 종교이며, 백인은 백인 아닌 사람들을 이교도라고 부르면서 기독교를 통해 자신들의 폭력을 정당화하고 있다고 했다. 대신 이슬람교는 이 세상 누구에게나 평등하게 대하는 종교라고 하면서, 기독교 대신 알라신을 섬기는 이슬람교를 믿으라고 했다.

가족의 면회와 편지 덕분에 감옥에 있던 말콤의 생각이 서서히 바뀌었다. 지금까지의 잘못된 행동에 대해 반성하기 시작했으며 자신이 지은 죄 값인 감옥생활을 마음으로 받아들이게 되었다. 말콤의 생각이 긍정적으로 바뀌자 감옥생활이 한결 편해졌으며, 다른 사람의 말을 귀담아 들을 수 있게 되었다. 동생 레지날드의 권유로 말콤은 조금씩 이슬람교에 관심을 가지게 되었다. 레지날드는 죄없는 아프리카 흑인을 끌고 와 노예로 고통받게 만든 무리가 백인이며, 흑인의 고유한 문화와 전통을 깡그리 없애버린 존재가 백인이라고 주장했다. 그래서 흑인의 자유와 정신을 회복하기 위해 투쟁해야 한다고 하면서 형 말콤을 설득했다.

긴가 민가 하던 말콤도 레지날드의 진지한 권유에 마음이 흔들렸다. 레지날드는 흑인의 해방을 위해 노력하는 무하마드라는 이슬람교 지도자를 말콤에게 소개해 주면서 그에게 편지를 써 보라고 했다. 말콤은 흑인으로 태어난 자신을 원망하면서 많은 잘못을 지은데 대해 회개한 후 이제라도 알라신을 받아들이면 새로운 삶을 살 수 있을지에 대

이슬람민족에 소속된 말콤 X의 형제들(중앙이 말콤 X)

해 무하마드에게 편지를 썼다. 답장이 오지 않을 수도 있다고 생각했는데 자상하면서도 희망적인 내용의 답이 무하마드로부터 왔다.

가족의 도움과 무하마드와의 교류 덕분으로 모범적 감방생활을 하던 말콤은 1952년 가석방되었다. 감옥에서 나온 후 무하마드의 인도로 이슬람민족(블랙 무슬림)[11]이라는 종교단체에 들어갔다. 당시 이슬람민족은 작은 종교단체로 흑인들에게도 거의 알려지지 않은 조직이었으나 말콤의 탁

---

11) 블랙 무슬림이 조직한 이슬람민족은 1930년 미국 디트로이트에서 시작된 흑인공동체이지만 범세계적 이슬람 사회와는 직접적인 연결고리가 없다. 말콤이 이슬람민족의 성지자로서 종교적 독자성을 주장하면서도 이 조직이 범세계적 이슬람공동체로서 인정받아야 한다는 점을 인식하고 있었다(콘 저, 앞의 책, pp.268–270). 말콤은 1964년 이슬람민족과 결별한 후 범이슬람교로 개종했다.

월한 능력으로 급속히 세력이 확산되었다. 이후 1964년 이슬람민족을 탈퇴할 때까지 말콤은 자신을 구해준 무하마드와 이슬람민족을 위해 헌신적으로 일했다.

3. 흑인해방의 지도자

무하마드의 이슬람민족이 말콤에게는 한 인간이라는 삶의 의미를, 흑인에게는 아프리카사람이라는 삶의 의미를 주었다고 말콤은 믿었다.[12] 1953년부터 1959년까지 말콤은 대부분 흑인들에게만 이슬람민족의 교리를 전파했기 때문에 당시 백인들에게 거의 알려지지 않았던 인물이었다. 말콤은 거리, 모임, 성전 등 어디에서나 무하마드의 대리인으로서 강연을 했는데, 특히 흑인들이 백인들의 정신적 노예상태에 놓여있음을 자각하도록 해 백인의 사악함을 인식하게 했다. 그는 백인들 때문에 흑인들이 더러운 빈민가에서 힘들게 살고 있다고 하면서, 노예로 삼기 위해 수천만 흑인들을 살상했던 백인들을 비난했다.

또한 말콤은 백인들에게 이용당하고 세뇌당하고 있는 마틴과 같은 흑인민권운동가들을 비판했다. 당시 흑인민

12) 콘 저, 앞의 책, pp.158–160.

족주의보다 통합주의가 대세였기 때문인지 마틴 측은 말콤 측을 기피했다. 이러한 문제로 말미암아 흑인지도자들끼리의 화합이 어려워졌고 따라서 흑인들의 백인들에 대한 공동대처도 되지 않았다. 나중에 말콤이 무하마드와 결별한 후 마틴은 말콤과의 만남을 시도했으나 성사되지 못했다.[13] 필자가 보기에 아쉬운 점은, 흑인민족주의와 통합주의가 다른 시각을 가지고 있다고 하더라도 말콤과 마틴이 좀 더 대승적인 차원에서 이 두 흐름을 결합시키는 노력을 했더라면 어땠을까 하는 것이다.

중산층 흑인들은 말콤을 꺼려했지만 가난한 흑인들은 그의 진솔한 용기와 행동을 지지했다. 이야기하듯 유창하게 말하는 말콤의 대화술은 그의 주장에 설득력을 더했고, 가난한 흑인들에게 그들의 비참한 상황을 극복할 수 있다는 용기와 자신감을 갖게 해주었다. 말콤은 이슬람교를 믿는 신도의 수를 증가시키는 데도 기여했지만 특히 어느 정도 교육받은 흑인들, 예를 들어 공무원, 간호사, 사무직원, 백화점 판매원 등을 신도로 영입하는데 큰 역할을 했다.[14]

---

13) 위의 책, pp.168-169.

14) 헤일리 기록, 김종철 외 역, 『말콤 엑스 하』, 창작과비평사, 1993, p.24. 이하 헤일리 기록(2)로 표기함.

세계 헤비급 권투챔피언이었던 무하마드 알리(중앙)와 말콤 X(맨 왼쪽).
이슬람민족에 가입 후 원래 이름이었던 캐시어스 클레이를 무하마드 알리로 개명함

그즈음 말콤은 결혼에 대해서는 거의 생각해 본 적이 없었다. 그런데 같은 회교단 내에 베티 X라는 여성을 만나 1958년 1월 결혼에 성공한다. 결혼 후에도 말콤은 여전히 블랙 무슬림의 포교와 흑인의 사회적 · 경제적 상황을 개선시키는데 온 힘을 쏟았다.

대다수 백인들은 미국흑인지위향상협회(NAACP)와 마틴을 비교했을 때, 마틴을 위험하고 급진적인 인물로 여겼다. 하지만 마틴을 블랙 무슬림 말콤과 비교했을 때, 마틴을 무해한 보수주의자이자 무난한 인물로 생각했다. 흑인

사회에 미치는 말콤의 영향력을 상쇄하기 위한 노력의 일환으로 백인들과 다수 언론은 마틴을 이상적인 흑인지도자로 받아들였다.[15)]

말콤은 흑인단체뿐만 아니라 백인단체를 대상으로 연설을 하고 언론과도 인터뷰를 하면서 자신의 입지를 넓혀갔다. 그는 백인의 집단적 잔인성, 탐욕, 사악함 등으로 인해 흑인들이 상처를 입었고 지금도 그렇다고 주장했다. 과거의 역사에 근거해 그는 백인을 공격했지만 다수 백인들은 역사적 기록을 통한 말콤의 주장을 싫어하고 인정하지 않았다. 그럼에도 말콤은 현재의 상황만 고려해서는 문제를 해결하지 못할 뿐만 아니라 과거 미국에서 어떻게 인종차별의 신화가 생겨났는지를 밝혀내야 한다고 강변했다.[16)] 말콤은 "원수를 사랑하라."는 말을 이해할 수 없다고 했다. 그는 원수를 사랑하는 백인을 본 적이 없다고 하면서, 백인이 마틴을 이용해서 흑인사회에 비폭력을 조장하고 있다[17)]고 역설했다.

말콤은 신이 정의의 실행자라고 했다. 흑인들을 노예로

---

15) 콘 저, 앞의 책, p.172.

16) 위의 책, pp.176-177.

17) 위의 책, p.182.

삼은 백인들은 흑인들에 의해서가 아니라 알라신에 의해 파멸될 것이라고 주장했다. 인종차별을 없애는 것은 정치가가 할 수 없으며 오직 신만이 해결할 수 있다고 했다. 그러다 보니 말콤은 정치적인 행동의 측면에서 소극적이었다. 말콤은 블랙 무슬림의 정치개입 배제정책 때문에 행동을 통해 가난한 흑인들을 고통으로부터 해방시키는데 소극적이 될 수밖에 없었다. 이와는 달리 마틴은 신이 궁극적인 정의실현자라고 믿고 있었지만 사회의 정의실현을 위해서는 행동이 필요하다고 주장했다.

말콤은 백인이 흑인에게 뿌린 죄를 생각해야 하며, 흑인이 백인과 관계를 맺는 한 흑인은 온전한 인간이 될 수 없다고 생각했다. 그래서 흑인과 백인을 분리함으로써 흑인은 진정한 자유와 평화를 얻을 수 있다고 주장했다. 마틴과 같은 통합주의자의 주장과는 달리, 백인은 흑인에게 진정한 자유를 주지 않을 것이라고 했다.

말콤은 인종차별을 거부하고, 분리를 주장했다. 인종차별은 우등한 자가 열등한 자에게 강요하는 것이지만, 분리는 자발적으로 이루어지는 것이라고 했다. 분리와 차별을 구분하도록 하기 위해 말콤은 수없이 노력했지만, 대다수 흑인들은 그 차이를 이해하지 못했다.

통합주의가 대세였던 당시 상황에서 대다수 흑인들은 이 두 용어가 하나의 의미라고 생각했다. 흑인과 백인은 분리되어 살아야 한다는 말콤의 진지한 주장에도 많은 흑인들은 이 주장이 현실성이 부족한, 종교적 제안에 불과한 것이라고 여겼다. 다수의 흑인들이 말콤을 좋아하고 따른 것은 그의 흑백분리와 같은 주장 때문이 아니라 마틴과 같은 흑인민권운동가들에 대한 비판 때문이었다.[18] 말콤은 남부의 일부 주에 국한되지 않고 북부지역에도 뿌리박혀 있던 인종차별주의를 마틴과 같은 지도자들이 직시할 수 있도록 했던 것이다.

흑인의 관점에서 미국사회의 문제점을 말콤만큼 예리하고 정확하게 분석한 사람은 이제까지 없었던 것 같다. 말콤은 이들이 지속적으로 흑인의 정체성을 유지하도록 자극했으며 법적 평등도 중요하지만 더 중요한 것은 경제적 평등이라는 점을 일깨워주는데 큰 역할을 했다.

그런데 북부의 가난한 흑인의 삶을 변화시키기 위해 헌신적으로 활동했던 말콤은 점점 백인들과 중산층 흑인들로부터 배척을 받았고, 이는 이슬람민족에게도 바람직스러운 것이 아니었다. 이러한 상황과 함께 말콤은 이슬람민족에

18) 위의 책, pp.184–188.

이슬람민족 집회를 이끌고 있는 말콤 X

소속된 일부 인사들의 시기와 질투 등으로 어려운 처지에 직면하게 되었다.

이슬람민족 내의 말콤 반대파들은 그가 조직을 종교적 관점에서 벗어나 정치사회적 관점으로 바꾸고 있다고 비판했다. 무하마드도 말콤의 시민운동적 정치지향 행보를 반대하면서 복수는 알라신에게 맡기자고 했다. 무하마드와 그의 성직자들은 이슬람민족을 정치조직으로 생각하지 않았으며, 알라신이 백인들의 잘못된 행동에 대해 응징할 것이라고 했다.[19]

---

19) 위의 책, pp.308-310.

말콤이 이슬람민족에서 무하마드에 버금가는 2인자의 위상을 갖게 되자, 이 조직 내에 말콤을 시기하고 질투하는 사람들이 생겨났다. 하지만 말콤은 자신을 구원해준 무하마드가 자신을 믿고 있다고 생각하면서 굳건히 직무에 충실했다. 그러던 어느 날 도덕적 · 영적 지도자 무하마드가 이슬람교의 교리를 위반해 간음을 저질렀다는 소문을 듣자 말콤은 망연자실한다. 소문을 확인하지 않으면 안 되겠다는 생각에 말콤은 여러 경로를 통해 알아본 결과, 이 소문이 사실이라는 것을 알았다. 하지만 말콤은 무하마드의 은덕을 입은 데 대해 무한한 감사의 마음을 가졌기 때문에 무하마드의 간음문제를 해결하기 위해 갖은 노력을 다했다.

그런데 1963년 케네디대통령이 암살당했을 때, '케네디의 죽음을 백인의 자업자득'이라고 한 말 때문에 말콤은 무하마드로부터 90일 간 함구명령을 받았다. 그렇지만 그 함구령은 하나의 핑계일 뿐이었다. 당시의 말콤은 이미 무하마드의 마음에서 거의 지워진, 제거되어져야 할 대상으로 낙인찍혔던 것이다. 무하마드는 자신의 비밀을 알고 있는 말콤을 불편한 존재로 간주했다.

말콤은 사실상 조직으로부터 파문을 당한 것이나 다름없었다. 자신의 구원자였던 무하마드를 떠나는 것이 너무 괴로웠으나 말콤은 어쩔 수 없이 이슬람민족을 떠나지 않을 수 없었다. 말콤은 이슬람민족이 흑인들을 갱생시키는 운동이었고, 도덕적 · 사회적 개혁의 원천이 되었다는 점과 이 조직의 지도자 무하마드가 미국흑인들에게 미친 영향력이 대단했다는 점에 대해서는 긍정적으로 평가했다.[20]

이슬람민족과 말콤의 시각 차 그리고 무하마드의 도덕적 문제 등으로 인해 말콤은 이슬람민족과의 결별을 준비했다. 그런데 말콤은 이슬람민족이 그를 추방시킬 뿐만 아니라 살해하려 했다는 사실을 알고는 엄청난 충격을 받았다.

말콤은 이슬람민족과 결별한 후 시민운동에 참여하면서 독자적인 활동을 펼쳐나갔다. 여전히 흑백통합론에는 반대했지만 흑인들이 아프리카로 돌아가거나 독립적인 지역을 만들어야 한다는 주장은 긴 안목이 필요한 프로그램이라고 하면서 한발 물러섰다. 그 대신 말콤은 흑인들이 보다 나은 의식주, 교육, 직업을 갖는데 힘을 모으는 단기적 목표를 설정했다. 이러한 단기적 목표는 당시 있었던 시민운동과 맥을 같이 하는 것이었다.

마틴과 시민운동은 나름의 연대의식을 공유하고 있었는

---

20) 헤일리 기록(2), 앞의 책, p.206.

메카 성지순례를 떠나기 직전, 딸 일라사를 안고 있는 말콤 X

데, 말콤은 때때로 마틴이 흑인사회에 미치는 긍정적인 영향력에 대해 질투하기도 했다.[21] 말콤과 마틴은 흑인끼리

21) 콘 저, 앞의 책, p.331.

는 분열되어서는 안 된다는 시각을 공유하고 있었다. 그래서 이슬람민족을 떠난 말콤은 마틴의 입장에 대해 생각하는 시간을 가졌고, 마틴도 말콤의 주장을 음미하는 시간을 가졌다.

말콤은 흑인연합 전선을 구축하기 위해 적극적으로 마틴을 만나려고 했으나 마틴은 말콤의 폭력적 이미지 때문에 말콤을 만나주지 않았다. 마틴, 시민운동 집단, 이슬람민족 등이 모두 말콤의 흑인연합 전선에 긍정적으로 반응하지 않자, 생각을 정리할 겸 말콤은 메카 순례를 떠난다.

성지순례를 통해 그는 백인은 천성적으로 악인이라는 생각이 정통 이슬람교의 교리에 맞지 않다는 것을 알게 되었다. 성지순례 과정에 이슬람교를 바탕으로 한 진한 형제애를 경험하면서 각양각색의 인종들이 평등하고 존엄하다는 것을 확인했다. 메카 순례와 아프리카 여행을 통해 말콤은 미국 흑인들이 미국에서 취하고 있는 자유투쟁과 아프리카대륙에서 아프리카인들이 벌이는 자유투쟁이 사실 같은 투쟁이라는 것을 확신하게 되었다.[22]

메카 성지순례를 다녀온 후 말콤은 백인에 대한 자신의 생각이 변했음을 수시로 밝혔다. 백인 인종차별주의자에

22) 위의 책, p.342.

대해서는 여전히 투쟁하겠지만 모든 백인이 인종차별주의자는 아니라고[23] 했다. 하지만 말콤은 미국의 법이 백인의 공격으로부터 흑인을 보호하지 못하는 경우, 흑인 자신의 방어를 위해 필요하다면 무기를 들 수 있다고 했다. 비인간적인 대접을 받고 있는 사람이 자신을 방어하기 위해 아무 것도 하지 않고 비인간적인 대우를 계속 받아들인다면 그것은 하나의 범죄라고 말콤은 주장했다.[24] 또한 말콤은 백인이 태어날 때부터 악하다고 생각하지는 않고 있는데, 미국이라는 인종차별주의 사회가 백인을 악하게 행동하도록 영향을 미쳤다[25]고 강변했다.

말콤은 흑인과 백인은 동등한 인간으로서, 미국 내 흑백차별 문제를 바로 잡는데 의무와 책임을 가져야 하며, 선의의 백인들은 적극적으로 그렇지 못한 백인들의 인종주의적 의식과 행동에 반대하고 투쟁해야 한다고 했다. 이어 흑인들은 평등한 권리를 가짐과 동시에 동등한 책임을 지는 자세를 가져야 한다고 주장했다.[26]

---

23) 헤일리 기록(2), 앞의 책, p.225.

24) 위의 책, pp.224-225.

25) 위의 책, p.231.

26) 위의 책, p.237.

말콤은 흑인을 고통과 억압 속으로 빠져들게 만든 백인에 대해 피의 보복을 할 것이라고 여러 번 역설했지만 실제로 손에 총을 들지 않았고 다른 사람에게 육체적인 위해를 가하지도 않았다. 무기를 가지지 않았던 무슬림 성직자가 무자비하게 경찰에 의해 살해되었을 때 말콤은 알라의 저주가 백인지배의 미국에 있을 것이라고 강하게 말한 것 외에 무력적 행동을 하지 않았다. 이슬람민족과 결별한 후 말콤은 자신의 흑인우월주의적 이미지를 탈피하기 위해 상당한 노력을 했지만 미국의 대다수 언론은 '변화된 말콤'을 인정하지 않았던 것[27] 같다.

그는 흑인 자유를 위한 투쟁의 세계화와 흑인과 백인 사이에 정직한 형제애가 존재할 수 있는 사회를 만드는 것을 목표로 하는 흑인단체 아프로-아메리카인 단결기구(OAAU)를 결성했다. 이 조직을 통해 모든 흑인이 비폭력에서 벗어나 아메리카 내 백인우월주의자들에 맞서는 능동적인 자기방어 자세로 변화시키도록 노력하겠다고 했다.

그런데 다른 민권운동 조직들은 자기들의 목표를 행동을 통해 이루고자 하는데, 말콤이 결성한 아프로-아메리카인 단결기구의 일부 조직원들은 이 조직이 행동보다 말

27) 콘 저, 앞의 책, pp.440-441.

을 앞세우고 있다고 비판했다. 흑백통합주의자 마틴은 백인에 저항하다가 머리를 얻어터지기도 하는데, 말콤은 그렇지 않다는 것이다. 이러한 비판을 겸허히 수용하면서 말콤은 이 조직을 이끌어 나가고 있었다.

이러한 과정에 일부 극우백인단체와 이슬람민족의 말콤 암살 위협은 계속 이어졌으며, 실제로 암살의 위협을 가까스로 모면한 적도 있었다. 특히 무하마드가 이끄는 이슬람민족이 말콤의 암살에 적극적이라는 것을 알게 된 후, 말콤은 백인들보다 오히려 이슬람민족이 더 철저히 실천에 옮길 수 있는 집단이라고 이슬람민족을 비난했다.

1965년 2월 21일 뉴욕 할렘의 오듀번 볼룸에서 말콤의 연설이 예정되어 있었다. 말콤은 자신의 암살위험을 인식했음에도 불구하고 연설장에 들어오는 청중의 몸을 수색하지 말도록 했다. 몸수색은 연설을 들으러 오는 사람들을 불안하게 한다는 이유로 그냥 입장시켰다. 다만 흑인과 백인을 불문하고 언론사 기자의 출입은 금지시켰다.

초청한 한 목사가 불참하자 말콤의 보좌관 벤자민이 말콤에 앞서 잠시 연설을 했다. 이어 말콤이 청중들의 박수를 받으며 연단에 들어섰다. 그때 누군가가 시선을 뺏는 소리를 내는 순간, 청중들 가운데 앞줄에 앉아있던 세 명의 흑인이 일어나 말콤에게 총을 발사했다. 말콤의 아내 베티와 자녀들이 있는 가운데 말콤은 영원히 깨어나지 못했다. 나중에 말콤을 죽인 범인들은 블랙 무슬림 소속이었다는 것이 밝혀졌다.

말콤의 추종자들은 장례를 치를 교회를 수소문했으나 가는 곳마다 거절당했다. 다행히 '믿음의 교회'라는 곳에서 장례식을 할 수 있도록 허락했다. 그런데 이 교회가 말콤의 장례식을 치르도록 승낙했다는 뉴스가 나가자 교회 담임목사에게 교회를 폭파하겠다는 협박전화가 수시로 걸려왔다.[28)]

말콤의 장례식 날, 마틴과 주요 인권운동 단체가 애도의 말을 보내왔으며, 국내외 다수 인사들이 참석했다. 중동, 아프리카, 아시아 등의 많은 국가들이 말콤의 죽음을 보도했다. 장례행렬이 뉴욕의 한 공동묘지에 도착하자 백인 묘지인부들이 흙으로 관을 덮으려고 했다. 그때 말콤 추종자들은 백인 인부들의 일을 정지시키고 아프로-아메리카인 단결기구 단원들이 그 일을 대신 하도록 했다.

말콤은 생전에 가족을 위해 어떤 보험도, 저축도, 수입도 남겨놓지 않았다고 언론들은 보도했다. 블랙 무슬림에

28) 헤일리 기록(2), 앞의 책, pp.327-328.

들어가기 전 말콤은 도둑질, 뚜쟁이질, 강도, 마약 등 온갖 범죄를 저질렀다. 하지만 이슬람신도가 될 때 그는 교리에 따라 살 것이며, 가난하게 생활할 것을 약속했다. 이후 단 한 번도 이슬람 교리를 어긴 적이 없다고 할 정도로 철저히 교리를 따라 행동했으며 청빈하게 살았다. 말콤이 가족에게 어떤 재산도 남겨놓지 않고 죽었다는 기사가 나간 후 아내 베티와 자녀들을 위한 모금운동이 벌어졌고, 그 후 '말콤 X 딸들 기금'이 만들어졌다[29]고 한다.

4. 말콤의 한계와 시사점

1900년대에 와서 많은 수의 남부 흑인들이 자유를 찾아 북부 도시로 옮겨갔다. 그러나 억압에서 벗어나 보다 나은 삶을 기대하고 간 흑인들은 또 다른 절망과 좌절을 느낄 수밖에 없었다. 가난한 흑인들은 더러운 빈민가를 전전해야 했고 남부 백인들의 차별과 다름없는 취급을 받았다. 남부지역으로부터 계속 전입되는 흑인들로 인해 북부지역의 빈민가는 더 열악해져 갔다.

북부 백인들은 흑인들을 이웃으로 인정하지 않았고 흑

29) 위의 책, pp.331-332.

인들과의 교류를 꺼려했다. 흑인들은 빈한하기 짝이 없는 빈민가에서 하루하루를 지탱해 나가야 했다. 백인들은 그들을 노골적으로 무시하고 차별했다. 빈민가에서는 더러운 거리, 쥐가 들끓는 공동주택, 마약, 범죄, 백인경찰의 만행 등이 빈번하게 발생했다. 여기에서는 인간으로서 가져야 할 최소한의 생활을 하기가 어려웠다.

남부흑인의 삶이 법률적인 인종차별 제도 안에서 존재했다면, 북부흑인의 삶은 실질적인 인종차별 제도 속에서 이루어졌다고 할 수 있다. 빈민가를 벗어난 흑인들도 일부 있었지만 대다수 흑인들은 이러한 비참한 환경 속에서 생활해야 했다. 그래서 그들은 흑인이라는 존재를 주체적으로 인식하게 하고 이들의 삶에 의미를 찾아주는 무언가를 갈구하고 있었다.

이 상황에서 전통적인 흑인 기독교를 대신해 등장한 것이 흑인민족주의였고, 무하마드의 이슬람민족에 헌신적이었던 말콤이 이의 대표적인 인물이었다. 마틴의 삶이 남부의 인종차별을 없애기 위한 흑인들의 투쟁이었다면, 말콤의 삶은 북부에서 인간으로서 최소한의 존엄과 존중을 얻기 위한 투쟁이었다[30]고 할 수 있다.

---

30) 콘 저, 앞의 책, pp.155-157.

말콤은 가난으로 고통받고 차별받는 흑인들을 위해 헌신한 지도자였지만, 그도 사람인지라 나름의 한계를 가지고 있었다.

첫째, 남성 우월주의적 시각이다. 말콤은 백인들의 인종차별에 반대해 수많은 투쟁을 해 왔지만 여성에 대한 남성의 우월적 지위를 그대로 받아들였다는 점이다. 당시 대다수 남성들의 시각과 마찬가지로, 말콤 역시 여성의 자리는 가정과 사적 공간이며, 남성의 자리는 사회와 공적 영역이라고 생각했다. 사회의 불의에 대한 투쟁은 남성이 해야 한다고 여겼다. 1950년대와 60년대에 미국에서 페미니즘이 막 태동하던 시기였다는 점을 감안하더라도, 남성 우월주의가 여성의 자유를 억압하는 측면을 내포하고 있음을 간과했다는 점을 말콤의 한계[31]로 지적할 수 있다.

그러나 이슬람민족을 떠난 후, 메카 순례와 여러 해외 국가들을 여행하면서 말콤의 여성관은 크게 바뀌었다. 그는 흑인문화와 전통을 후세들에게 이어주고 유지하는 가교역할을 여성이 해야 한다고 하면서 여성의 역할을 강조했다.

둘째, 자본주의 내 빈부격차와 양극화 문제를 확실하게 끌어내지 못했다는 것이다. 말콤은 북부의 가난한 흑인들

---

31) 위의 책, pp.451-452.

의 생활을 통해 빈곤문제의 해결이 중요하다는 점을 알고 있었지만, 부의 세습화나 양극화문제를 가지고 있는 자본주의체제를 근본적인 문제로 생각하지는 않았다. 말콤은 백인들이 흑인들을 동등한 조건으로 미국사회 내에 편입시키기를 거부한다고만 인식했다.

이것은 1945년 2차 세계대전이 끝난 이후 1960년대까지 냉전체제가 강하게 작동했기 때문에 자본주의 자체의 문제점을 제기하는 것이 사실상 금기시된 사회분위기의 영향으로 볼 수 있다. 죽기 얼마 전 말콤은 자본주의체제가 소수의 부자가 다수의 가난한 사람들의 덕으로 더 부자가 된다는 점을 지적하면서 자본주의를 비판하곤 했다. 하지만 이러한 계급주의와 관련된 비판은 부차적인 것이었고, 그의 주된 관심사는 어디까지나 인종차별주의 비판[32]이었다.

위에서 밝힌 것과 같이, 남성 우월주의와 자본주의 내 문제를 피상적으로 인식했던 말콤의 한계에도 불구하고 우리는 말콤의 삶으로부터 몇 가지 소중한 시사점을 얻을 수 있다.

첫째, 흑인이 자부심과 주체성을 갖도록 해 주었다는 것이다. 말콤은 태어날 때부터 종속자, 객체라고 생각했던

---

32) 위의 책, pp.461−472.

흑인들에게 흑인은 민족의 자랑스런 후예이며 자유롭고 주체적으로 살 수 있는 능력을 가졌다고 하면서 끊임없이 자존감을 높여주었다.

둘째, 말콤의 용기를 들 수 있다. 그는 미국 대다수 흑인들이 알고는 있었지만 두려워 말할 수 없었던 것을 말한 용기를 갖고 있었다. 인기에 일희일비하지 않고 자신의 신념에 따라 목숨까지 버리면서까지 진실을 말하고자 했다.

셋째, 자신에게 엄격했고 자기의 주장을 수정할 줄 알았다는 점이다. 이슬람에 귀의한 후 술, 담배는 물론 여성과의 잘못된 만남을 하지 않았으며, 단 한 번도 도덕적 규범을 어긴 적이 없었다. 또한 그는 모든 백인은 악하다고 주장한 점을 나중에 반성했다. 백인들 가운데서도 얼마든지 인종차별주의를 반대하고 흑인을 사람답게 존중하는 사람이 있다는 것을 알았고 그래서 자신의 지나친 백인 악마 일반화에 대해 후회했다.

말콤이 인종차별주의에 항거해 희생된 지 50년이 넘었다. 그럼에도 여전히 미국에서 흑인에 대한 백인의 차별과 이에 맞서는 흑인의 저항이 심심찮게 언론에 등장하고 있다. 인종차별을 없애기 위해 목숨까지 바친 말콤의 꿈이 과연 언제쯤 결실을 맺을지는 조금 더 두고 봐야 할 것 같다.

CHAPTER III_

에밀리아노 사파타

(Emiliano Zapata, 1879 - 1919)

Chapter III_

에밀리아노 사파타 (Emiliano Zapata, 1879-1919)

1. 사파타의 부활

"탕탕탕 타탕탕탕……" 총성이 동시다발적으로 울렸다. 뭔가 의심스런 얼굴로 농장에 들어선 사내가 쓰러지자 다시는 일어나지 못했다. 사파타군에 투항하겠다는 한 연방군 장교와의 약속을 지키기 위해 들어간 농장에서 벌어진 일이었다. 농장에는 연방군이 매복해 있었다. 영웅은 죽었으나 멕시코 민중이 그를 다시 부활시켰다.

1994년 1월 1일 북미자유무역협정(NAFTA)이 발효되던 날, 농민혁명 지도자 에밀리아노 사파타(이하 사파타)의 정신을 계승한 사파티스타민족해방군[1]이 봉기하였다. 이들은 이 협정이 미국자본에 의한 멕시코 원주민의 수탈을 더

1) 이들은 스스로 사파타의 혁명정신을 계승한다는 뜻으로 사파티스타라고 불렀다. 사파티스타민족해방군은 멕시코의 원주민 권익 보호를 위한 무장 반정부단체이다.

농민혁명 지도자 사파타

욱 심화시킬 것이라고 주장하면서 치아파스 주를 중심으로 정부에 항거했다. 또한 살리나스 멕시코 대통령이 북미자유무역협정을 맺어 민족주의적 경제정책을 포기하고 멕시코경제를 미국경제에 예속시켜버렸다고 비난했다.

이들 사파티스타민족해방군은 북미자유무역협정을 통한 멕시코-미국 간 변화는 미국에 의한 멕시코 경제지배뿐만 아니라 문화종속 등 멕시코 전반에 걸친 예속을 가져온다고 주장했다. 더구나 헌법조항에 들어있던 원주민의 토지보상조항이 삭제됨으로서 원주민들은 대부분 자신들의 토지를 잃어버릴 것이고 값싼 미국산 농산물의 유입으로 멕시코 농업은 심각한 타격을 입게 될 것이라고 항변했다.

뒤에서 다루겠지만 멕시코혁명이 일단락됨으로서 멕시코라는 국가의 외형적 기틀이 잡히고 정치사회적 안정이 어느 정도 이루어졌다. 하지만 사파티스타민족해방군은, 멕시코혁명의 열매를 따 먹은 역대 대통령들이 극심한 사회적 갈등과 빈부격차를 없애고 무산자의 고통을 줄이기 위해 노력하기는커녕 멕시코의 정체성을 파괴하고 원주민의 토지를 강탈한다고 주장했다. 지금도 많은 멕시코국민들은 사파티스타민족해방군의 봉기날을 1919년 암살당한 농민혁명 지도자 사파타가 부활한 날로 기억하고 있다.

멕시코혁명의 한 축을 이끈 사파타는 '토지와 자유' 라는 구호를 내세우면서 대농장주의 횡포로 부당하게 빼앗긴 농민의 토지를 돌려받기 위해 투쟁한 혁명가였다. 그는 토지가 없으면 자유도 없다는 것을 알고 있었다. 농민들에게 토지는 무엇과도 바꿀 수 없는 생명과 같은 존재였다. 사파티스타민족해방군은 사파타와 마찬가지로 '토지와 자유'를 신봉했다. 조상 대대로 물려받은 농토는 농민의 것이고, 토지를 가진 농민은 자유롭게 농사를 지을 수 있어야 한다고 주장했다.

사파타가 어떤 인물이기에 죽은 지 100년이 된 지금까지도 멕시코 민중의 영웅으로 존재하고 있으며, 그를 기리는 사파티스타민족해방군이 나타났을까? 사파타가 멕시코에서 어떤 삶을 살았고 어떤 활동을 했는지를 이해하기 위해 먼저 멕시코혁명에 대해 살펴볼 필요가 있다.

2. 멕시코혁명

1510년 코르테스의 침략으로 멕시코는 스페인의 식민지가 되었다. 스페인인들은 대거 식민지 멕시코로 들어갔으며, 이에 따라 많은 크리오요들이 태어났다. 크리오요는 식민지 멕시코에서 태어난 스페인 백인의 후손을 의미한다. 이들은 멕시코에서 막대한 부를 소유했으며 좋은 교육을 받은 지배계층이었다. 하지만 이들은 스페인 본토에서 건너오거나 파견된 백인들과 비교해 볼 때 상대적인 차별을 받았다.

크리오요는 식민지의 부왕 직책이나 고위 관직에 오를 수 없었고 고위성직자도 될 수 없었다. 그래서 크리오요들은 자신들에게 불리하게 만들어진 제도나 체제를 바꾸어야겠다고 생각했다. 스페인 본국의 지배를 벗어나 식민지 멕시코에서라도 서자가 아닌 주인으로 살기를 원했다.[2] 크리

2) 정경원 외, 『질문으로 풀어주는 멕시코』, 한국외대출판부, 2009, p.37.

오요들의 스페인에 대한 불만이 커지고 있었다.

300여 년 동안 스페인의 지배를 받던 멕시코에서 1810년 이달고라는 신부가 독립투쟁을 시작했다. 크리오요 출신 이달고는 대농장을 소유한 부유한 인물이었다. 하지만 크리오요들을 대변했던 이달고의 독립투쟁은 실패하고 말았다. 이어 이달고의 독립혁명군에 가담했던 모렐로스라는 사람이 나타나 독립을 위한 투쟁을 벌였으나 그의 독립운동도 실패했다.

1820년대 초반 스페인에서 자유주의자들이 스페인 왕 페르난도 7세의 지배에 반대해 반란을 일으켰다.[3] 이때는 스페인의 국력이 약해지고 있었던 시기였다. 그런데 스페인의 쇠퇴에도 불구하고 멕시코의 독립이 어려웠던 이유는 당시 식민지 멕시코의 지배층이었던 크리오요들이 만일 멕시코가 독립하면 그들의 기득권과 토지를 잃어버릴 수 있다는 이유로 독립운동세력을 적극적으로 지지하지 않았기 때문이다. 그런데 이 와중에 엉뚱하게도 1821년 스페인군에 가담해 반란군을 진압하며 큰 공을 세웠던 크리오요 출신 이투르비데가 멕시코를 독립시켰다.

멕시코는 독립의 첫 깃발을 올린 이달고의 정신을 기려

3) 위의 책, p.40.

1810년 9월 16일을 독립기념일로 정해 기념하고 있다. 멕시코의 독립이 스페인에 항거한 독립투사들의 활약으로 이루어졌다고 할 수 있지만 대외적 상황변화도 멕시코 독립에 큰 영향을 미쳤다. 멕시코 독립에 영향을 미친 대외적 상황변화 몇 가지를 정리해 보자.

첫째, 1807년 나폴레옹의 스페인 침략이다. 프랑스가 스페인을 침공한 기회를 이용하여, 멕시코가 스페인에게 자치권을 요구했다. 나폴레옹의 침략으로 스페인 국왕이 부재한 틈을 타 멕시코가 독립을 꾀하게 되었던 것이다. 이러한 멕시코의 요구에 대해 스페인은 제대로 대응할 능력이 없었으며, 멕시코가 독립할 수 있는 여건이 조성되었다.

둘째, 스페인의 경제정책에 대한 멕시코의 저항을 들 수 있다. 스페인은 식민지 멕시코의 발전을 위해서가 아닌 스페인 본국의 이익만을 위한 정책을 시행했다. 예를 들어, 멕시코산 포도주와 스페인산 포도주가 경쟁하는 경우, 스페인은 멕시코산 포도주의 생산을 금지시켰던 것이다.

셋째, 영국이 스페인의 힘을 약화시키기 위해 멕시코의 크리오요들에게 도움을 주었다는 점이다. 스페인의 보호무역정책에 반대했던 멕시코의 크리오요들은 영국의 자유무역정책을 지지하였다. 이러한 상황이 스페인을 더욱 궁지로 몰았던 요인이 되었다.

그런데 스페인의 지배로부터 독립을 쟁취한 이투르비데는 국가를 안정 · 발전시키기보다는 개인적 욕망에 사로잡혀 무리하게 스스로 멕시코의 '초대황제'가 되었다. 이에 반발해 정부군 장교였던 산타 안나가 이투르비데를 황제자리에서 끌어내렸다.

이러한 혼란으로 멕시코가 지역별로 해체되려는 상황에 처하게 되자, 당시 멕시코의 해체를 반대한 의회가 1824년 멕시코를 멕시코합중국으로 바꾸었다. 독립은 되었으나 정치적 불안정은 계속되었던 것이다. 이러한 정국불안이 계속되는 과정에서 당시 군부의 실력자 산타 안나가 반란을 일으켜 정권을 장악하게 된다.

한편, 1846~48년의 멕시코-미국전쟁에서 패배한 멕시코는 미국과 과달루페 이달고조약을 체결하고 국토의 반을 미국에게 양도할 수밖에 없었다. 또한 1862년에는 프랑스가 멕시코를 침략해 지배하려고 했다. 이에 반발해 원주민 출신 후아레스가 제2의 독립전쟁을 일으켜 멕시코를 지켰다. 프랑스의 지배를 반대한 멕시코 국민들의 저항과 함께, 남북전쟁을 마무리한 미국이 프랑스를 압박했고 그로 인해 프랑스는 멕시코에서 철수했다.

대통령이 된 후아레스는 민주적 개혁을 통해 정치를 안정시키고자 노력했다. 하지만 대외적 간섭과 대내적 갈등으로 어려움을 겪다가 대통령 재임 중 갑작스런 사망으로 개혁은 중도에 그치고 말았다. 이후 1876년 디아스가 후아레스의 뒤를 이어 집권하면서 34년간의 디아스정권이 시작되었다. 디아스정권 시기 멕시코에는 미국과 영국, 독일 등 외국자본이 엄청나게 들어왔으며, 원주민 공동체의 토지를 수탈하는 지배계급의 횡포가 심화되고 있었다.

디아스대통령은 대지주, 은행가, 외국자본가와 결탁해 산업화를 추진하려고 했다. 당시 디아스는 정권의 이데올로기를 담당했던 과학파집단[4]을 중용했다. 이들은 국가를 발전시키기 위해 산업화를 가장 중요한 핵심 사안으로 설정했다. 디아스는 멕시코 국민의 정치의식이 민주주의제도를 도입하기에는 너무 낮다고 생각했다. 그래서 당시 지배계층이었던 크리오요를 중심으로 멕시코를 이끌어가야 한다고 여겼다. 디아스는 정치안정과 경제성장을 위해서는 국민의 자유를 어느 정도 제약하는 정치가 불가피하다고 생각했다.

4) 과학파집단은 19세기 말 멕시코판 실증주의자들로서 디아스정권의 통치이념의 기반역할을 하였다.

1876년부터 34년 간 멕시코를 통치했던 디아스대통령

디아스정권은 '질서와 진보'를 구호로 삼고 국가를 경영해 나갔다. '질서'는 멕시코의 발전을 위해서 강력한 정부가 필요하다는 것을 의미했다. 그리고 '진보'는 산업화를 뜻했는데, 이는 봉건적 제도나 관습을 없애고 외국자본을 유치하여 사회전체의 발전을 도모해야 한다는 의미였다. 디아스정권의 대외개방 경제정책에 편승해 미국, 영국, 독일 등 당시 열강들의 멕시코 투자가 급속히 늘어났다. 특히 가장 가까이 위치한 미국은 주로 석유산업과 광산산업에 투자해 멕시코 경제에 가장 큰 영향력을 미치게 되었다.

어떤 면에서 보면, 디아스는 산타 안나의 독재에 항거했고, 프랑스의 침략을 격퇴한 장군으로서 멕시코를 안정시킨 인물로 긍정적으로 평가할 수 있다. 또한 대통령으로 선출된 후 멕시코의 근대화를 선도한 사람이었고 독립 후 오랜 기간 불안정했던 정치를 안정시키고 경제를 성장시킨 사람으로 볼 수 있다.

하지만 이러한 디아스의 업적은 시간이 지날수록 빛을 바랬고, 어느 시점부터 디아스체제가 가난하고 힘없는 민중들의 재산을 가로채 부유하고 힘있는 상층계급에게 나누어주는 정권으로 바뀌어버렸다. 디아스는 원주민공동체를 근대화를 방해하는 낡은 것으로 간주해, 대농장주가 원주민공동체의 토지를 합쳐 대규모화 되도록 했다.

디아스정권 초기의 정치체제는 중앙집권적 체제였다기보다 영주 중심의 봉건제 국가와 유사한 체제였다고 할 수 있다. 당시 카우디요[5]라고 하는 지방 유력자가 각 지역에서 많은 토지를 소유하고 재산을 축적하여 사실상 그 지역의 전권을 쥐고 있었다. 이들은 자신들이 주방위군 사령관이나 주지사 등을 하면서 실질적인 권한을 행사했다.

디아스가 중앙집권체제를 구축하고 공고히 하기 위해서는 이들 카우디요의 권력을 축소하거나 없애야 했다. 그런데 그는 이들에게 더 많은 부와 권한을 인정해 주고, 그 대신 중앙체제에 대한 충성을 담보하는 봉건적 방법을 택했다. 특히 토지조사 사업을 핑계로 강탈한 농민의 토지를 카우디요에게 나누어줌으로써 이들의 충성심을 얻고자 했다.[6] 이러한 토지조사 사업으로 인해 조상 대대로 물려받아 경작하던 농민의 땅이 강탈당했던 것이다.

당시는 조상들이 농사짓던 땅의 법적 근거나 경계선이 분명하지 않았다. 그러다 보니 토지 소유권이 누구에게 있는지 명확하게 밝히기가 쉽지 않았다. 그런데 이러한 문제

---

5) 지배권을 장악한 정치 및 군사지도자

6) 백종국, 『멕시코 혁명사』, 한길사. 2000, p.50.

가 발생한 땅은 대부분 이런 저런 이유로 카우디요에게 수탈당했다. 물론 이들 원주민의 공동토지 경작방식이 낡았고 효율성이 낮았기 때문에 농촌의 발전을 위해 새로운 조치를 할 필요는 있었다. 그래서 디아스는 농촌 근대화를 위해 개인의 소유를 기본으로 하는 자본주의적 소유방식을 도입했다.[7] 하지만 이런 방식은 원주민에게 엄청난 시련을 안겨주게 되었다.

1910년에 멕시코 전체 인구의 4분의 3 정도가 농촌에 살고 있었다. 이 가운데 1% 미만의 지주가 경작 가능한 토지의 85%를 가지고 있었으며, 나머지는 거의 모두가 토지 없는 농민이었다. 이로 인해 농민들은 페온(농업노동자)으로 전락해 대농장의 토지에서 농사를 지을 수밖에 없었다. 소작농은 일정부분의 농작물을 가질 수 있었으나 농업노동자는 농사를 지어주는 대가로 임금을 받았다. 그런데 임금이 너무 적어 최소한의 생활을 유지하기도 힘들 지경이었다. 이러한 상황으로 인해 농민들은 정부에 반대하는 세력으로 존재하게 되었고, 1910~17년에 걸쳐 일어난 혁명에서 농민반란의 씨앗이 되었다.[8] 혁명의 조짐이 나타나고 있었던

7) 위의 책, pp.51-52.

8) 크라우세 저, 이성형 역, 『멕시코혁명과 영웅들』, 까치, 2005, pp.16-17.

것이다.

1907년 경 멕시코에서 무역수지 악화와 농산물 흉작 등으로 농민과 농업노동자의 불만이 점점 커져갔다. 농촌의 피폐화와 더불어 사회적 갈등이 고조되고 있던 와중에 디아스의 장기집권에 반대하는 사람들이 혁명을 도모했다. 1910년에 예정된 대통령선거에서 디아스의 재선을 반대하는 일단의 정치세력이 등장했다. 이에 힘입어 대토지소유제로 말미암아 가난과 굶주림으로 고통받던 농민들의 투쟁이 일어났다. 또한 도시의 노동자들도 파업과 도적질, 약탈 등을 통해 디아스정권에 반기를 들었다.

디아스정권은 이제 사회에서 일어나는 갈등을 조정하고 해결하기 어려운 상황을 맞게 되었다. 정권 내부에서도 대통령후보 선출문제로 디아스를 떠받치고 있던 두 부류, 즉 과학파와 이에 반대하는 파 간에 심각한 대립이 표출되었다. 이즈음 낡은 정치를 대신할 누군가를 기다리고 있는 형국이 도래했다. 이때 부유한 카우디요출신 마데로가 혁명의 화살을 쏘았다.

혁명은 마데로가 중심이 되어 시작되었다. 물론 마데로 봉기 이전에도 디아스정권에 반대하여 일부에서 반란을 일으켰으나 이들 세력은 디아스체제를 전복시킬 정도로 결집

디아스정권에 반대해 혁명을 일으킨 마데로

되지 않아 실패했다. 마데로는 디아스의 재선을 반대하고 자유로운 선거 보장을 주장하면서, 『1910년의 대통령 승계』라는 책자를 발간했다. 30년 이상 집권한 디아스정권은 이제 정치적 정당성을 가지지 못한 정권이라고 주장하면서 마데로는 멕시코의 발전을 위해 새로운 정치가 필요함을 역설했다.

이러한 마데로의 주장은 디아스정권의 독재통치에 불만을 가지고 있던 여러 세력들을 규합할 수 있었다. 1910년 4월 마데로는 '재선반대당'이라는 정당을 조직했다. 이 정당을 만든 것은 디아스대통령이 당시 재선을 금지한 헌법을 개정한 후 30년 이상 지배한 데 대한 반대의사의 표출이었다. 멕시코 내 여러 지역을 방문하면서 호소했던 마데로의 재선반대 주장은 많은 국민들로부터 지지를 받았다. 마데로는 혁명보다 합법적·민주적 선거를 통한 정권교체를 원했다. 하지만 그즈음 디아스대통령과 담판을 벌였던 마데로는 더 이상 민주적 절차를 통한 선거가 불가능하다는 판단을 했고, 혁명이 불가피하다고 생각했다.

이와 같은 움직임에 대해 디아스는 강력히 대응했다. 디아스는 주모자 마데로를 체포해 감옥에 가두고 혁명을 무산시키려고 했다. 그러나 이러한 강압적 조치는 역풍을 맞았다. 이미 멕시코 국민들은 디아스정권에 대해 환멸을 느끼고 있었으며 사회 전반에 걸쳐 새로운 변화를 원했다. 지지자들의 도움으로 탈옥에 성공한 마데로는 '산 루이스 강령'[9]을 선포하면서 1910년에 치러진 대통령선거가 부정

9) '산 루이스 강령'의 주 내용은, 혁명에 모두 동참하며, 모든 국민은

선거였다고 주장했다.

부정선거로 당선된 디아스정권은 더 이상 정치적 정당성을 갖지 못한 정권이라고 하면서 정권타도를 위해 혁명에 동참할 것을 역설했다.[10] 당시 멕시코 국민 대부분이 글을 읽을 줄 몰랐지만 글을 읽을 수 있는 사람은 강령을 읽고 다른 사람들에게 마데로의 생각을 전해주었다. 마데로의 주장을 담은 산 루이스 강령은 디아스정권의 몰락을 초래하게 만든 핵심이 되었다.

1910년 11월 혁명의 서막이 올랐다. 마데로는 혁명군을 이끌면서 디아스정권을 압박했다. 정치범 석방, 혁명군에 대한 급여지급, 빼앗긴 토지의 원소유주에게 반환 등 디아스의 양보 조치에도 불구하고 마데로는 디아스대통령과 부통령의 사임을 요구했다. 디아스의 양보 제스처는 일시적으로 혁명의 불을 끄려는 미봉책이었음을 마데로는 알고 있었다.

1911년 5월, 마데로가 이끄는 혁명군의 지도자들, 즉 사파타, 비야, 카란사 등이 연방군을 패퇴시켰다. 그러자 디아스는 대통령직을 사임하고 데 라 바라를 임시대통령으로

중앙정부의 권위를 거부하고, 임시대통령은 마데로가 맡으며, 원주민공동체에 토지를 돌려주며, 정치범을 석방하라는 것 등이다.

10) 크라우세 저, 앞의 책, p.18.

임명한 후 독일로 망명했다. 데 라 바라 임시정부 하에서 마데로는 자신이 평소에 주장해온 민주적인 자유선거를 통해 대통령이 되기를 원했다.

그런데 마데로는 치명적인 몇 가지 정책적 실수를 저질렀다. 토사구팽이라는 말이 적절할지 모르지만, 혁명성공의 일등공신인 사파타를 내쳐버린 점이 그 첫 번째 실수였다. 혁명이 일단락되었다고 보고 혁명군을 동원해제 시켜버린 것이다. 마데로는 자신을 도와 디아스정권을 몰락시키는데 지대한 공헌을 한 사파타를 고향인 모렐로스로 귀향시켜 버렸다. 이 조치에 불만이 있었지만 사파타는 대농장주에게 부당하게 빼앗긴 농민들의 토지를 반환시켜주겠다는 마데로의 약속을 믿고 고향으로 돌아갔다. 이러한 사태는 마데로를 지킬 지원부대를 스스로 없애버렸고, 혁명군들의 의지와 사기를 꺾어버렸다[11]고 해석할 수 있다.

그리고 디아스의 추종자인 데 라 바라의 임시정부 대통령직을 그대로 유지시킨 것이 두 번째 실수였다. 마데로는 데 라 바라같은 디아스의 심복을 당연히 내쳐야 했는데 그렇게 하지 않았다. 구 정권 관료를 인정함으로써 마데로의 입지가 약화되어 버렸다.

---

11) 위의 책, p.54.

또한 현저히 낮은 멕시코 정치문화를 고려하지 않고 민주적 절차와 타협을 통해 복잡하게 얽힌 문제를 해결해 나가고자 했다는 것이 세 번째 실수였다. 이런 것들을 감안해 보았을 때 마데로의 앞날이 어떻게 전개될 지 어느 정도 예상할 수 있었다.

데 라 바라는 마데로혁명을 좌절시키기 위해 음흉한 방법을 사용했다. 그는 마데로를 파멸시키기 위해 마데로와 사파타와의 관계를 왜곡시키고 있었다. 데 라 바라는 우에르타라는 연방군 장군에게 명령해 모렐로스로 돌아간 사파타를 압박했으며, 사파타를 무도한 폭군으로 매도했다.

상황이 심상치 않게 돌아가자 마데로는 사파타의 근거지 모렐로스를 방문해 혁명을 계속 함께 해 나가자고 설득했다. 그는 사파타를 만나 빼앗긴 토지의 반환을 약속하면서 사파타의 지지를 얻으려고 했다. 하지만 사파타는 한편으로 구 디아스세력을 두둔하면서, 다른 한편으로는 자신을 달래러 온 우유부단한 마데로의 행동에 대해 의심의 눈초리로 바라보기 시작했다.

이와 함께 사파타와 마데로의 믿음이 깨어지는 사건들이 발생했다. 대농장주들의 사파타군에 대한 경멸, 신문의 악의적 보도, 사파타군에 대한 임시대통령 데 라 바라의 해산압력, 연방군 장군 우에르타의 사파타군에 대한 노골적인 압박 등 여러 가지 압력과 압박이 사파타에게 시도되었다. 그럼에도 사파타는 마데로가 대통령으로 선출될 때까지 그를 비난하거나 적대시하지 않았다.

디아스정권을 무너뜨리는데 동참한 혁명가들은 도덕과 민주주의에 바탕한 정치를 추구하는 마데로를 점점 믿지 못하게 되었다. 혁명이 일단락되었지만 멕시코는 여전히 카우디요 중심 정치에서 벗어나지 못했다. 그것은 혁명을 성공시킨 마데로 자신이 카우디요 출신이었기에 카우디요체제를 청산할 수 없었기 때문이다. 청산되어야 할 구 디아스체제는 대부분 그대로 유지되었다. 혁명에 동참한 인사들 중 다수가 카우디요 출신이었다. 또한 이들은 카우디요가 아닌 사파타의 토지개혁 주장에 부담을 가지고 있었다.

마데로는 멕시코를 자유롭고 민주적인 절차를 바탕으로 한 근대국가를 만들기 위해 열정을 쏟았다. 하지만 안타깝게도 농민을 위한 토지정책과 가난으로 고통받고 있던 농민의 삶을 개선하는 것에는 별로 관심이 없었다. 사파타를 비롯한 혁명 지지자들이 왜 마데로 혁명에 동참했는지를 마데로는 잊어버린 것 같았다.

1911년 11월 마데로는 어려운 상황이었음에도 합법적인 선거를 통해 대통령으로 선출되었다. 하지만 멕시코에 민주적 제도를 도입하고 정치를 안정시켜 보다 나은 국가를 건설하겠다는 마데로의 꿈은 실현되지 못했다. 그가 구성한 내각은 불안정했고 효율적이지 못했으며 현실성이 부족했다. 이상에 치우친 그의 개혁시도는 반대파와 대다수 언론으로부터 거센 공격과 비판을 받았다. 마데로는 정치적으로 고립되고 있었다.

후술하겠지만 결국 마데로는 쿠데타세력에 의해 대통령직에서 물러날 수밖에 없었고 나중에 살해당하게 된다. 정당성과 정통성이 없는 쿠데타세력의 수뇌 우에르타가 대통령이 되자 디아스를 몰아낸 혁명세력들이 다시 결집하게 된다. 제2의 혁명이 시작되었다. 새롭게 시작된 혁명의 지도자들 가운데 농민혁명[12]을 이끈 대표적 지도자가 사파타이다.

3. 사파타의 출생과 성장과정

사파타는 1879년 모렐로스 주 아네네쿠일코에서 농민의 아들로 태어났다. 사파타는 부모의 농사일을 돕는 한편,

12) 이성형, 『IMF 시대의 멕시코』, 서울대출판부, 1998, p.335.

나귀를 구입해 자기농장에서 다른 지역으로 옥수수를 배달하는 일을 하기도 했다. 어느 정도 경제적으로 안정이 된 사파타는 농장 일을 하면서 말 다루는 솜씨를 배우고 익혔다. 로데오경기를 좋아했으며 멋진 안장이 장착된 말을 타면서 강인한 차로(charro: 말몰이꾼)로 성장했다.

사파타가 평범한 농민에서 모렐로스의 혁명지도자가 된 것은 차로라는 멕시코 문화와 그의 인간적 매력이 큰 역할을 했다. 차로는 멕시코인들이 그리는 이상적인 남성상이었으며, 차로 중의 차로였던 사파타는 어떤 고난도 이겨낼 수 있는 불굴의 의지를 가지고 있었기 때문이었다.

또한 그는 고향 마을 사람들과 허물없이 지내던 보통 사람이었다. 사파타의 카리스마는 그가 특별히 만들려고 했던 것이 아니라 이들과의 동류의식에서부터 시작되었다. 따라서 사파타가 농민군의 지도자가 되었다고 해서 달라진 것이 없었다.[13] 평범한 농민들과 함께 먹고 자고 하는 과정에서 그의 카리스마는 더욱 빛이 나게 되었고, 이것이 그의 위대한 점이라 할 수 있다.

1906년 교육자였던 부르고스가 아네네쿠일코에 와서 정

13) 임상래, "사파타혁명에 관한 소고: 지역성에 기초한 지방혁명", 라틴아메리카연구, vol.15, no.1, 2002, p.222.

착하게 되자 사파타는 그와 교류할 기회를 가지게 되었다. 부르고스의 집에서 사파타는 자유주의계열의 신문 〈엘 디아리오 델 오가르〉와 반 디아스 야당신문 〈재생〉 등을 접하면서[14] 당시 사회의 부조리에 눈뜨게 되었다. 또한 사파타는 카우디요의 토지약탈 상황을 직간접적으로 경험하면서 땅 문제에 관심을 가지게 되었다.

이러한 과정을 통해 사파타는 고향에서 서서히 인정을 받게 되었고, 1909년 마을 원로들이 사파타를 새로운 지도자로 뽑았다. 서른 살이 채 되지 않은 사파타였지만 그 지방 사람들은 사파타를 잘 알고 있었고 그들을 책임질 사파타의 능력과 안목을 신뢰하고 있었다.

사파타가 17살이 되던 때 고향 마을을 관리하던 당국과 처음 마찰을 빚었다. 부당한 당국의 처사에 불복해 저항했지만 권력없고 힘없던 사파타는 친구의 목장에 숨어 지내면서 수개월을 떠돌아다녀야 했다. 하지만 마을 주민 어느 누구도 그를 비난하지 않았다. 이후 그는 주민의 이익을 대변하고 마을의 규범을 유지하는 원로를 대리하여 마을 지도자로 성장했다. 사파타는 모렐로스 주지사 선거 때 당시 주지사에 도전한 반대정당 후보의 선거운동을 도왔다.

---

14) 크라우세 저, 앞의 책, p.82.

그의 집안은 다른 농부들에 비해 비교적 여유가 있었다. 비록 그가 16살이 되었을 때 부모를 잃었지만 그의 가족은 약간의 땅과 가축을 가지고 있었다. 그래서 그는 대농장의 농업노동자 생활을 하지 않아도 되었다. 사파타는 고향에서 말을 사고팔기도 하고 가축을 키우면서 생활했다. 말 사업을 하면서 그는 부단히 말을 타고 달리는 연습을 했다. 사파타의 말 다루는 솜씨는 모렐로스 지역 뿐만 아니라 인근 주에까지 소문이 났을 정도였다.

어릴 적 사파타의 아버지가 대농장 소유주의 횡포로 억울하게 땅을 빼앗긴 적이 있었다. 그때 힘 있는 자의 불법적인 행위를 본 사파타는 아버지에게 언젠가는 땅을 꼭 다시 찾을 것이라고 약속했다. 당시 그의 나이가 9살이었는데도 이러한 각오를 보였다는 점은 대단했다고 회자되고 있다.

아마도 어린 사파타가 자기 가족의 땅을 대농장주에게 빼앗겼을 때 모렐로스 주의 대농장제에 대해 잘 알지는 못했을 것이다. 그렇지만 사파타가 혁명지도자가 되었을 때 왜 그렇게 토지에 집착했는가 하는 단서를 그의 경험에서 찾을 수 있다. 이에 대해 아래에서 좀 더 서술해 보기로 한다.

멕시코를 정복한 코르테스는 모렐로스 주에 멕시코 최초의 사탕수수 대농장을 조성했다. 모렐로스의 기후가 온화했고 땅이 기름졌으며, 수도 멕시코시티와 가까이 위치해 있을 뿐만 아니라 노동력이 풍부했기 때문이다. 모렐로스 스페인인들은 더 많은 사탕수수를 생산하기 위해 가지고 있던 토지에 만족하지 않고 다른 토지를 힘으로 빼앗았다. 원주민들의 저항이 있었으나 식민통치가 공고화되면서 토지침탈이 더 늘어났다.

처음 원주민공동체가 토지를 소유하고 있었을 때에는 당연히 전통적으로 그들의 토지였기 때문에 토지대장 같은 문서를 중요하게 생각하지 않았다. 그런데 스페인인들은 무단으로 토지를 점령해 말뚝을 박아버리곤 했다. 그러면 어쩔 수 없이 농민들은 소송을 제기했지만 몇 년 혹은 몇 십 년 동안 소송이 진행되면서 땅문제가 제대로 해결되는 경우가 거의 없었다. 식민당국과 대농장주와의 결탁으로 농민이 소송에서 이긴다는 것은 거의 불가능했다.[15]

스페인지배로부터 독립한 후에도 토지문제는 여전히 분쟁거리로 남았다. 이 문제를 해결하기 위해 어느 해는 사파타의 고향 아네네쿠일코의 주민대표가 마을 경계가 표시

15) 임상래, 앞의 논문, pp.212-213.

된 토지문서를 가지고 정부 담당자를 찾아가기도 했다. 디아스정권 시기에는 더욱 토지침탈이 심화되어 농민들은 이전보다 더 피폐한 삶을 살아야 했다. 더구나 사탕수수 농장주는 더 많은 사탕수수를 생산하기 위해 더 넓은 땅을 갖고자 했다. 권력과 탈법을 통해 대농장주들은 농민들의 토지를 침탈했다.[16] 농민들에게 토지는 그들의 분신과 다름없었지만 힘없는 농민들 마음속엔 피맺힌 원한만 쌓였지 다른 방도가 없었다. 이제 모렐로스 지역은 더 부유해진 대농장과 더욱 더 빈곤해진 농민, 이렇게 극도의 양극화 현상을 보이고 있었다. 이러한 과정을 추적해 볼 때 사파타에게 있어 토지는 그의 생명이자 그의 모든 것이었다.

사파타는 한때 멕시코시티에 위치한 설탕경작지의 가축관리 책임을 맡은 적이 있었다. 이것은 그가 고향의 좁은 둥지를 떠나 더 큰 사회로 나아가 출세할 수 있는 좋은 기회가 될 수 있었다. 하지만 그는 도시 사람들의 아첨과 속임수 등에 진절머리를 느껴 다시 고향으로 돌아오고 말았다. 마을 사람들은 고향에서 권력자의 부당한 횡포에 저항하는 사파타를 보면서, 또 한편 자신이 맡은 일을 성실하게 수행하는 사파타를 보면서 그를 장래성 있는 젊은이로

16) 위의 논문, pp.213-215

생각했다.[17] 고향마을에서 인정받고 대접받은 이유는 그의 성격과 행동에도 있었지만 오랜 기간 함께 살아왔던 그의 가족 덕분이기도 하였다. 사파타의 아버지 형제들이 1860년대 프랑스침략 때 용사로서 참전했으며 지역의 평화와 안정을 위해 큰 역할을 했기 때문이다.

위에서 언급했듯이, 1909년 이 마을의 새 지도자로 사파타가 선출되었다. 그는 대농장주에게 빼앗긴 땅이라 하더라도 그 땅을 놀리지 말고 누군가는 경작을 해야 되지 않겠느냐고 하면서 모렐로스 주지사에게 농사를 짓게 해 달라고 요청했다. 토지가 누구의 것이든 간에 농민들은 농사를 지어야 먹고 살 수 있다고 항변했다.

하지만 설상가상으로 농민들의 토지를 빼앗아 간 대농장주가 농민들에게 농사지을 땅을 빌려주는 것조차 거부했다. 그러자 사파타는 옛날부터 내려오던 토지관련 문서를 면밀히 검토한 후, 대농장주에게 부당하게 빼앗긴 토지를 무력으로 점거하고 마을 사람들에게 나누어줘 버렸다. 대농장체제에 반기를 든 최초의 작은 혁명이었다.

당시의 상황으로 보아 사파타의 이 용기 있는 시도가 다

---

17) Womack, J., *Zapata and the Mexican Revolution*, Alfred A. Knopf, 1968, p.7.

른 지역으로 전파되기는 어려웠다. 그런데 그때는 마데로가 디아스정권에 반대해 혁명을 일으킨 때라 멕시코 전역에 혁명의 기운이 높아지던 시기였다. 따라서 사파타의 울림은 다른 지역에도 어느 정도 영향을 줄 수 있었으며, 이런 상황으로 인하여 혁명을 일으킨 마데로가 사파타의 토지 반환 주장을 일부 고려했다고 알려지고 있다.

앞에서 언급한 것과 같이, 마데로가 발표한 '산 루이스 강령'에는 사파타가 주장한 내용과 유사한 부분, 즉 대농장주가 부당하게 수용한 토지를 원래 공동체마을에 돌려준다는 문구가 포함되어 있었다. 혁명이 시작되자 사파타를 중심으로 한 아네네쿠일코 사람들은 빼앗긴 땅을 돌려준다는 마데로의 주장에 동조하여 디아스정권을 타도하고자 일어난 마데로에 동참하게 된 것이다.

4. 농민혁명의 지도자

사파타는 고향마을뿐만 아니라 남부의 다른 지역을 행진하면서 대농장을 공격했다. 가난에 찌들어 고통받던 많은 농민들이 그를 따라 행군했다. 사파타를 지지하지 않고 지주들에게 충성을 계속 바친 농민들도 있었지만 그는 농민들의 선택을 존중해 주었다. 그는 이제 모렐로스 주의 혁명군 지도자가 되어 연방군에 대항하였다. 사파타군의 활약으로 모렐로스 주에 주둔해 있던 연방군 부대는 모두 퇴각했다.[18] 남부의 연방군 부대가 패퇴한 지 일주일이 지나지 않아 디아스대통령이 사임했다. 일부에서는 디아스의 대통령직 사임이 남부 사파타 혁명군의 용맹스러움 때문이라고 주장했다.

대통령으로 선출된 마데로는 디아스정권을 축출한 후 발생한 여러 반란을 어느 정도 진압함으로써 정치적 안정을 조금씩 이루어가는 듯 했다. 일부 지역에서 일어난 반란이 완전히 진정되지 않았고, 또 전국 각지에 이런 저런 반란세력 관련 정보가 있었지만 마데로정권을 위협할 정도는 아니었다. 사파타와 토지문제를 보는 시각의 차이로 등을 돌린 상황이었지만 마데로는 토지개혁에 대해 관심을 가지고 이 문제를 해결하기 위해 어느 정도 노력했다. 하지만 마데로는 자신이 대농장주 출신이었기 때문에 토지개혁에 대해 소극적일 수밖에 없었다. 더구나 다른 대농장주들의 비협조로 인해 마데로정권의 토지개혁은 지지부진했다.

---

18) 크라우세 저, 앞의 책, pp.86-87.

사파타와 마데로는 디아스정권을 축출하는데 힘을 함께 했으나 이제 두 사람은 적대관계로 변하고 있었다. 1911년 11월 사파타는 '아얄라 강령'[19]을 발표하고 농민혁명과 관련된 전반적 내용을 제시했다. 아얄라 강령은 대농장주와 지방 카우디요가 약탈한 토지를, 합당한 증명서를 가지고 있는 사람들에게 돌려줄 것을 주장하고 있다. 이 강령은 대농장제를 없애자는 것이 아니라 대농장주가 불법적으로 빼앗은 토지를 농민들에게 돌려주라는 것이었다.[20] 아얄라 강령은 수많은 농업노동자들과 농민들의 마음을 사로잡았는데, 이들은 토지를 위해 자신들의 목숨까지 내걸겠다고 했다. 그 반면, 지방 카우디요들은 그들의 경제적 이익을 침해하는 아얄라 강령의 핵심인 토지개혁을 받아들이지 않았다.

마데로대통령은 민주적 절차를 통해 혁명으로 인한 혼란을 수습하고자 했다. 그런데 마데로를 둘러싸고 있던 관료, 정치가, 군인 등은 대부분 구 디아스정권의 추종자들이었다. 이들은 마지못해 대통령의 지시를 따르는 형국이

19) 아얄라 강령의 주 내용은, 부당하게 대농장주에게 빼앗긴 토지를 반환할 것, 지주들의 소유물 중 납득할만한 부분을 수용하여 멕시코 국민 전체를 위한 복지에 사용할 것 등이다.

20) 크라우세 저, 앞의 책, pp.91-92.

다 보니 마데로가 자신의 의지대로 혁명을 마무리하여 나라를 안정시키기 어려웠다. 이 와중에 마데로대통령에 반기를 든 치명적인 사건이 발생하였다.

마데로대통령은 쿠데타 진압군 책임자로 우에르타 장군을 임명했다. 그런데 우에르타는 쿠데타를 진압하기는커녕 쿠데타세력과 공모해 마데로정권을 전복시키고 말았다. 쿠데타에 성공한 우에르타는 이제 대통령이 되기 위한 음모를 꾸몄다. 우에르타는 마데로대통령과 부통령을 강제로 사임시킨 후, 혼란한 틈을 이용해 대통령이 되었다.이 과정에 후환을 두려워한 우에르타대통령이 부하들을 시켜 감옥에 갇혀있던 마데로를 총살시켜 버렸다.

우에르타의 쿠데타를 인정한 집단은 일부 멕시코국민들과 미국뿐이었다. 마데로정권이 붕괴되고 마데로대통령이 살해되었음이 알려지자 멕시코전역에 걸쳐 우에르타정권에 대한 거부와 반대시위가 거세게 일어났다. 이제 디아스정권을 타도한 마데로혁명이 일단락되었고, 마데로정권을 전복시킨 우에르타정권에 반대한 또 다른 혁명이 시작된 것이다.

마데로 전 대통령이 살해되자 사파타는 우에르타정권에 대해 강력히 저항했다. 사파타는 멕시코 남부 지역에 주둔한 우에르타의 연방군을 격퇴시켰다. 북부에 거점을 두고 있던 혁명지도자 카란사와 비야는 연방군을 압박하면서 점점 세력을 확장하고 있었다. 사파타도 연일 연방군을 패퇴시키면서 세력을 키워 나갔다. 대부분의 지역에서 혁명군이 승리했다. 드디어 1914년 6월 우에르타는 남부군과 북부군 혁명세력에 밀려 대통령직을 사임하고 망명을 갈 수 밖에 없었다.

우에르타정권이 몰락하자, 이제 새로운 멕시코를 건설하기 위해 새 정부를 구성해야 했다. 대표적 혁명지도자들은 사파타, 비야, 그리고 카란사였다. 이들 혁명지도자만 멕시코를 이끌어나갈 수 있는 인물이라 할 수는 없으나, 이들 세력을 무시하고 새로운 멕시코를 건설할 수는 없었다. 그런데 공동의 적 우에르타정권을 축출하자, 혁명세력 간에 갈등이 빚어졌다.

사파타와 비야는 권력에 욕심이 없었다. 권력욕이 강한 사람은 카란사였다. 혁명을 마무리한 후 새로운 멕시코를 건설하기 위해서는 이 세 세력이 함께 담판을 지어야 했다.

그런데 카란사는 이러한 만남의 장을 만들기 전에 자신의 생각을 정리한 '과달루페 계획'[21]을 발표했다. 이 계획을

---

21) '과달루페 계획'의 핵심은 우에르타정권을 타도하고 무너진 헌정질

발표하면서 카란사는 자신을 멕시코의 '최고지도자'로 스스로 임명했다. 카란사는 만약 어떤 인물이나 세력이 자신의 계획에 동의하면 자신을 최고지도자로 인정한다고 간주했고, 이 계획에 동의하지 않으면 자신을 지지하지 않는 사람으로 의심받게 만들었다. 명목상 최고지도자의 지위를 스스로 선언한 것은 그의 향후 행보를 위한 중요한 결정이었다고 할 수 있다.

이와 같은 상황이 전개되고 있던 과정에, 이들 세 세력은 멕시코의 안정과 발전을 위한 개혁안을 마련하기 위해 아구아스칼리엔테스라는 곳에서 회합했다. 아구아스칼리엔테스는 6만 명 정도의 주민이 살고 있던 평화로운 지역이었다. 이곳은 카란사와 비야의 연합세력이 관할하고 있었다.[22] 이 모임에서는 권력에 집착한 카란사파의 입지가 약해지고 비야파와 사파타파의 위상이 높아지게 되었다.

아구아스칼리엔테스회의는 반 우에르타 투쟁을 마무리하고 멕시코의 미래를 찾아보고자 마련된 것이었다. 논쟁 끝에 디아스와 우에르타 각료들의 재산몰수, 대토지 소유제 해체, 그리고 카란사를 최고지도자로 인정하지 않는 것

서를 회복한다는 것이었다.

22) Newell, P. E., *Zapata of Mexico*, Black Thorn Books, 1979, pp.99–100.

농민혁명을 일으킨 사파타(앞줄 중앙)와 그의 참모들

으로 결론이 났다.[23] 이제 카란사는 사파타와 비야와 결별하고 자신의 길을 걸어갈 수밖에 없었다. 카란사는 사파타와 비야로부터 공격받을 위험이 크다고 판단해 멕시코시티에서 후퇴한 후 비교적 안전한 베라크루스로 이동해 전력을 강화하고자 했다.

이후 카란사는 대통령이 되기 위해 사파타를 회유하여 자신의 영향권 하에 두려고 했다. 하지만 사파타는 카란사에게 대통령직에 연연하지 말고 아얄라 강령에 따라 농민

23) 멕시코대학원 엮음, 김창민 역, 「멕시코의 역사」, p.293.

을 위한 토지개혁에 동참하라고 주장했으나 카란사는 사파타의 제안을 받아들이지 않았다.

사파타는 자신의 토지개혁안을 거부한 카란사와 결별한 후 모렐로스 주로 돌아갔다. 무엇보다 사파타는 자신의 고향으로 돌아가 토지를 통해 자신의 꿈을 실현하고자 했다. 사파타의 계획은 농민들이 공동으로 소유하고 경작하는 토지(에히도)[24]를 다시 복원하는 것이었다. 사파타가 바라던 것은 농민들이 공동으로 자유롭게 농사지을 수 있는 토지를 갖는 것이었다. 그래서 하나의 독립된 마을공동체를 만들어 그 안에서 자유롭게 경작하고 수확하는 것을 원했다.

사파타는 멕시코혁명에 동참한 후 디아스정권과 우에르타정권을 몰락시키는데 상당한 역할을 했다. 그렇기 때문에 만약 사파타가 권력이나 부에 연연했다면 상당한 지분을 가질 수 있었을텐데, 그는 이에 대해 아무런 욕심이 없었다. 그는 오직 대농장주에게 부당하게 빼앗긴 땅을 돌려받아 농민들이 자유롭게 농사를 지을 수 있게 되면 그것으

---

24) 1817년 정약용은 유배지 강진에서 정전제(井田制)를 제안한 적이 있다. 정전제는 모든 토지를 국유화하여 정전을 편성한 후 정전 중 9분의 1을 공전으로 만들어 세금으로 납부하고 나머지는 농민들에게 분배하며, 분배된 토지는 농민의 공동 경작으로 하자는 방안이었다. 에히도와 정전제에는 농민의 공동경작과 같은 공통적인 내용이 포함되어 있었다.

로 족하다고 생각했다.

사파타는, 혁명은 어느 특정한 집단이나 개인의 이익을 위한 것이 아니라는 신념을 가지고 있었다. 힘없는 농민들이 대농장제의 희생물이 되어 극심한 가난과 비참함 속에 살고 있었기 때문에 사파타는 이들의 고통을 덜어주기 위해 혁명에 동참했다. 개인적으로나 사회적으로, 농민들이 대농장주로부터 땅을 돌려받아 스스로 농사를 지음으로써 헐벗고 굶주린, 노예와 같은 비참한 생활을 끝내도록 하기 위해 혁명에 동참한다고 했다. 카란사가 농민들을 진실로 사랑하고 이들이 진정 무엇을 바라는지 그리고 이들의 이상을 존중해 주고, 대농장주로부터 땅을 돌려받아 공동으로 소유할 것을 주장한 아얄라 강령을 인정해 주었다면 사파타는 기꺼이 그를 지지했을 것이다.

이제 혁명군 사이에 내전이 시작되었다. 사파타와 비야는 한 편이 되어 카란사가 떠난 멕시코시티를 점령하기 위해 진격했다. 비야군이 먼저 멕시코시티에 입성했다. 비야는 멕시코 외곽에 머물고 있던 사파타를 만났다. 함께 만난 사파타와 비야는 혁명의 정신을 훼손하고 저버린 카란사를 비판하면서 멕시코의 미래에 대해 논의했으며, 토지문제에 대해서도 얘기를 나누었다. 두 사람은 토지문제에 있어서 체감하는 정도가 달랐다. 그럼에도 땅은 대대로 이어져 농사를 짓던 사람들이 소유해야 한다는 것에는 대체로 의견이 같았다.

멕시코시티 시민들은 사파타와 비야의 멕시코시티 진군

멕시코시티의 대통령집무실에서 사파타(앞줄 오른쪽에서 두 번째)와 비야(중앙)

을 불안과 두려움 속에서 환영했다. 멕시코시티에 입성한 사파타는 대통령궁에 기거하지 않고 인근의 호텔에 머물렀다. 사파타군은 군대라고 할 수 없을 정도로 무기가 구식이었고 또 행색이 초라했다. 이들은 먹을 음식과 돈도 부족했다. 그럼에도 예상과는 달리 일탈된 행동을 거의 하지 않았으며 멕시코시티의 질서를 유지하려고 노력했다.

사파타와 비야는 카란사군을 쳐부수어야 한다는데 합의하고 혁명정신을 함께 이어나가자고 했다. 이 두 사람은 보통 사람들과 마찬가지로 하층계급출신이었기 때문에 많은 국민들은 이들이 힘을 합쳐 멕시코를 이끌어갈 것으로 예상했다. 하지만 사파타파와 비야파의 공조관계는 오래 유지되지 못하고 카란사파에게 패퇴하고 말았다. 이들 두 세력이 약화된 원인으로, 우선 이들을 두려워한 중산층의 지지가 적었고, 다음으로 사파타와 비야 두 세력이 두 개의 군대로 연합했기 때문에 두 세력 간 협조가 거의 불가능했다는 것을 들 수 있다.

실제 전투상황에서도 두 세력 간 불협화음이 계속되었다. 사파타와 비야는 프에블라에 있는 카란사군을 공격하기로 합의를 했다. 이때 사파타가 프에블라를 공격할 때 비야파의 무기를 지원받도록 약속되어 있었으나, 비야가 약속을 어기고 제 때 무기를 지원해주지 않았다. 이 일로 인해 비야에 대한 믿음이 점점 약해졌다. 이러한 상황에서 향후 진로를 고민하던 사파타는 토지개혁 등 자신의 꿈을 실현시키기 위해 모렐로스로 귀향해 버렸다. 비야도 카란사의 군사적 압박이 가중되자 멕시코시티를 떠나 자신의 거처인 북부지역으로 돌아가 버렸다.

이제 멕시코시티는 카란사파의 영향권 하에 들어왔다. 카란사파는 멕시코시티에 입성한 후 혁명을 마무리할 작업에 착수했다. 카란사는 먼저 북부의 비야를 토벌할 계획을 세웠다. 카란사는 남부의 사파타가 방어적 전투에 능하므로, 먼저 비야를 섬멸시킨 후 사파타를 공격하기로 했다. 카란사군이 북부의 비야군을 공격하자 비야는 이를 격퇴시키지 못하고 패퇴를 거듭했다.

이 시기, 혁명군의 한 축이었던 사파타는 멕시코시티를 떠나 모렐로스로 돌아간 후 자신이 주창한 아얄라 계획을 실행에 옮기고 있었다. 대농장주에게 빼앗긴 토지를 농민들에게 나누어주고 농민들이 경작하도록 했다.[25] 이 지역에서 대농장주는 사라지고 없었다. 지역민들은 자신들의 대표를 선출해 지역에 봉사하도록 했고, 선출된 대표가 과

25) Newell, 앞의 책, p.115.

도한 욕심을 부리지 않도록 했다. 사파타는 모렐로스 지역에서 주 차원의 경찰을 조직하지 않고 마을 대표위원 모임을 통해 치안을 유지하도록 했다. 이는 초보단계에 불과하지만, 지금의 시점에서 보더라도 풀뿌리민주주의가 작동한 사례로써 나름의 의미를 부여할 수 있을 것 같다.

이를 위한 첫걸음이 오랜 숙원사업이었던 농촌 공동토지 에히도의 회복이었다. 토지는 각 공동체의 전통과 관습에 따라 분배되었다. 농촌마을의 공동토지 조성을 통해 사실상 모든 농민이 토지를 소유하게 된 것이다. 모렐로스 지역은 어느 누구의 간섭도 받지 않는 독립된 영토가 되었다. 사파타는 토지와 자유를 위해 싸운 것이다. 그는 토지를 위해 종교적 열정을 가지고 투쟁했다. 사파타추종자에게 토지는 자신들을 먹이고 보살피는 어머니였다.[26] 이제 모렐로스에서 사파타는 살아있는 전설이 되었다.

이 과정에 카란사 임시정부는 멕시코의 합법정부로 미국의 승인을 받았다. 멕시코 신정부는 대외국가들 가운데 특히 미국의 승인을 받는 것이 중요했다. 카란사는 1915년 말경에 와서 멕시코 대부분의 지역을 통제할 수 있었다. 이곳저곳 카란사에 반대하는 세력이 있었고 특히 멕시코시티의

---

26) 크라우세 저, 앞의 책, p.104.

비참한 생활고 등으로 인한 노동자들의 파업이 일어났으나 카란사는 파업을 주동한 노동자들을 투옥하는 등 자신에게 도전하는 사람들을 엄격하게 처리했다.

1917년 대통령으로 선출된 카란사는 연방군을 동원해 멕시코 전 지역에 행정력이 미치도록 했다. 이제 비야에 이어 사파타가 카란사의 표적이 되었다. 사파타는 자기 지역을 지키기 위해 다른 세력과의 협력을 추구하는 대신 스스로를 고립시켰다. 이것은 어쩌면 멕시코국민들이 가지고 있는 내부지향적 의식이 자신들의 생활반경을 한 지역에 가두는 지역주의를 낳게 한 것[27]과 맥을 같이 한다고 볼 수 있다. 그는 카란사의 공격에 맞서기 위해서 외부세력과 연대해 자신을 방어해야 함에도 그렇게 하지 않았다. 외부의 세력이 자신을 위협하더라도 그는 자기 고향, 자기 마을을 떠나지 않으려고 했다. 어쩌면 스스로 파멸되기를 기다리는 것 같기도 했다.

사파타의 모렐로스에 평화가 깨진 것은 카란사가 비야를 완전히 섬멸한 때였다. 카란사는 이제 사파타의 모든 것을 없애기 위해 총력전을 펼쳤다. 이런 상황에 대비해

---

27) 임상래, “멕시코정치문화의 이해”, 외대논총 제19집 3호, 1999, p.74.

사파타도 자신의 부대를 정비했다. 효율성을 높이기 위해 부대를 개편했지만 부대원들을 정규군처럼 체계적으로 훈련시키기는 어려웠다. 그래서 대규모 전투는 가능한 한 피하고 치고 빠지는 게릴라식 전법을 이용하여 카란사군에 대응했다.

카란사군이 모렐로스로 쳐들어온다는 정보를 듣자 사파타군은 멕시코시티 북쪽에 있던 카란사군을 공격했다. 그런데 잘 짜여진 카란사군의 전력에 밀려 사파타는 후퇴할 수밖에 없었다. 이제 모렐로스 전체가 전투 지역으로 변했다.[28] 카란사군은 퇴각하는 사파타군을 잡아 무자비하게 죽였다. 사파타 세력을 이탈시키기 위한 목적에서 사파타의 영향권에 있던 사람들과 재산은 보는 즉시 모조리 죽이고 파괴했다.

이러한 위기 상황에서 더욱 문제가 된 것은 사파타 세력 내부의 갈등과 대립이었다. 구 디아스세력이 사라진 상황에서 카란사군과 투쟁하는 것은 맞지 않다고 주장한 온건파 지도자들과, 카란사군에 강경하게 저항해야 한다고 주장한 급진파 지도자들 간에 갈등이 악화되어 서로 죽이고 죽는 유혈극이 내부에서 발생했던 것이다. 여기에 더해 사

---

28) Newell, 앞의 책, p.124,

파타는 자신을 배신해 제거하려 했다는 일부 부하들의 말을 듣고 자신의 믿음직한 대부였던 몬타뇨를 사형에 처해 버렸다. 몬타뇨는 사파타와 함께 아얄라 강령을 만들었고 사파타가 주장한 모든 것들에 대해 자문을 해 준 진정한 사파타맨이었다.

이제 사파타와 함께 죽을 고비를 넘기면서 혁명에 동참한 지도자들도 사파타를 두려워했다. 설상가상으로 인플루엔자가 멕시코전역에 퍼졌다. 모렐로스에서도 인플루엔자 환자가 속출했고, 1918년에만 주 인구의 25% 정도가 사망했다.[29] 카란사군의 공격은 점점 강화되고 있었다. 그런데 외부와의 단절로 인해 사파타가 운용할 수 있는 군수물자는 턱없이 부족했다.

사파타는 연방군을 막기 위해 외부에 있는 세력과 동맹을 맺어야겠다는 새로운 편집증에 사로잡혔다. 그는 혁명세력이건, 반혁명세력이건 자신과 연대할 수 있는 세력이라면 어떤 세력과도 연대하겠다고 했다. 하지만 이러한 연대제의는 이미 시기를 놓친 것이었다. 당시 상황에서 사파타와 연대를 원하는 세력은 어느 곳에도 없었다. 사파타는 더욱 고립되어 갔다.

29) 위의 책, p.146.

협상하고 있는 사파타(맨 오른쪽 앉은 사람). 카란사가 보낸 연방군 곤살레스 장군(오른쪽에서 두 번째 앉은 사람)과 사파타가 진지한 표정으로 대화하고 있음

군수물자의 부족으로 어려움을 겪던 차에 사파타는 연방군 장군 곤살레스의 속임수에 꾀어 죽임을 당한다. 곤살레스와 그의 부하 과하르도 대령 사이가 좋지 않다는 정보를 들은 사파타는 과하르도에게 자신의 진영으로 투항하

라고 제의했다. 그러면서 사파타는 과하르도를 받아주는 조건을 하나 내 걸었다. 당시 사파타를 배반한 자들이 카란사정부의 사면을 받아 연방군에 편입되어 있었다. 사파타는 과하르도에게 이 반역자들을 모두 죽여 믿음을 보여달라고 요구했다. 이때 과하르도는 사파타가 아무 의심없이 자신을 믿도록 하기 위해 이들을 모두 처형했다. 그러자 사파타는 과하르도를 일단 믿게 되었고 그를 만나기로 했다. 그런데 이것이 곤살레스와 과하르도의 계략이었는데 사파타는 이를 눈치채지 못했던 것이다.

1919년 4월 10일 운명의 시간이 왔다. 과하르도 대령을 만나기 위해 약속장소인 치나메카 농장을 찾아간 사파타는 돌아오지 못할 길을 가고 말았다. 과하르도의 거짓말에 속아 농장을 포위한 연방군들의 집중사격을 받아 사파타는 사망하고 말았다.

사파타의 시체는 노새의 등에 실려 모렐로스 주의 수도 쿠아우틀라로 옮겨져 버려졌다. 많은 사람들이 그의 죽음을 확인하려고 했다. 그의 주검을 찍은 사진이 멕시코 전역에 전파되었다. 카란사정부는 사파타의 사망을 국민들에게 알리고자 했다. 하지만 사파타의 시체를 보고도 많은 농민들은 사파타가 사망했다는 것을 믿지 않았다.[30] 아직도 일부 멕시코인들은 사파타의 죽음을 믿지 않는다고 한다.

5. 사파타의 한계와 시사점

멕시코혁명은 20세기 최초로 일어난 사회혁명이다. 많은 사람들은 사파타를 멕시코혁명 기간 동안 보여준 순수하면서도 이상주의적인 혁명지도자로 기억함과 동시에 농민의 아들로 태어나 보여주었던 인간적인 면을 떠올린다. 혁명 시기 농민들이 사파타혁명을 지지하고 동참한 것은 그들을 옥죄고 있던 빈곤과 고통을 벗어나려는 의지의 강력한 표출이라 할 수 있다. 그럼에도 사파타라는 인물이 가지고 있던 인간적인 매력이 없었다면 아마도 사파타에 대한 지지와 인기가 그렇게 오래 지속되지 못했을 것이다.

카란사의 공격으로 모렐로스가 함락되기 전까지 사파타가 이끈 농민혁명군은 연방정부의 도움없이 주민 스스로의 힘으로 자치활동을 시행했다. 대농장주로부터 뺏은 토지를 그들 스스로 합의한 절차에 따라 공동소유 토지로 분배한 후 농사를 지었다. 사파타 역시 농민들 위에 군림하는 지

30) Brenner, Anita, *The Wind that Swept Mexico*, Univ. of Mexico Press, 1971, p.59.

배자가 아닌 보통농민으로 활동했다. 이들 농민들은 사파타의 이상, 즉 '토지와 자유'를 쟁취한 후 그들이 진정으로 원하던 마을을 모든 구성원들의 힘을 합쳐 만들어냈다.

하지만 안타깝게도 사파타혁명은 시대의 흐름과는 반대로 과거로의 회귀에 초점이 맞춰져 있었다. 다른 혁명들이 오늘에서 내일을 지향하고 있었던 반면, 사파타혁명의 핵심인 아얄라 강령은 오늘에서 과거로 되돌아가고 있었던 것이다.[31] 큰 틀에서 보자면 토지를 공유하는 자유로운 농촌공동체 복원은 변화의 방향과 맞지 않았다.

사타파는 다른 지역이나 대외관계에 대해 무관심했다. 카란사정권이 추진하던 근대화와 사파타의 자치활동은 공존할 수 없었다. 사파타의 이상은 빛났으나 그의 관심은 오직 모렐로스 지역에만 국한되어 있었다. 멕시코 내 다른 지역은 물론 대외적 변화에도 사파타는 거의 관심을 갖지 않았다. 카란사정권과의 상생은 불가능했겠지만 사파타가 다른 지역이나 세력과 연대를 모색하면서 자신의 이상을 실현해 나갔다면 그렇게 허무하게 쓰러지지는 않았을 것이다.

사파타는 카란사라는 외부의 적 때문에 졌다고 볼 수 있지만 내부의 적, 다시 말해 사파타 자신의 판단능력 부재

---

31) 임상래(2002), 앞의 논문, p.232.

로 스스로 패배했다고 할 수도 있다. 사파타는 죄없는 자신의 대부 몬타뇨를 사형시켰는가 하면, 내부 지도자들 간의 반목으로 서로를 죽이는 상황까지 발생했던 것이다.

그러나 이러한 한계에도 불구하고 사파타는 우리에게 시사하는 바가 큰 인물이라 할 수 있다. 사파타는 농민들의 지지와 다른 세력과의 연대를 통해 만약 그가 원했다면 정치권력을 잡을 수도 있었다. 하지만 그는 권력에는 초연했으며, 오직 토지를 기본으로 한 농민공동체의 복원을 위해 모든 것을 바쳤다.

짧은 기간이었지만 토지공동체를 파괴한 대농장제를 없애고 땅을 기반으로 한 마을공동체를 복원했다. 농민들에게 가장 중요한 것은 자신들의 땅을 가지는 것이었다. 이들은 자유와 평화도 땅을 통해 나온다고 믿었다. 사파타혁명은 오랜 기간 잠복해 있던 소외와 빈곤 그리고 불평등과 착취의 결집체인 대농장제를 해소하고 이를 해결하려고 했던 멕시코 최초의 도전이었다.[32)]

사파타는 카란사정권에 의해 와해되었지만 사파타의 토지개혁, 즉 농민을 위한 무상 토지분배를 핵심으로 한 농업개혁은 이후 정권에서 조금씩 받아들여졌다. 특히 1934

---

32) 위의 논문, pp.243-244.

년 대통령으로 선출된 카르데나스는 과감한 농업정책을 통해 이전 어느 정권보다 더 많은 토지를 농민들에게 분배했다. 카르데나스정권에 와서 사파타의 이상이 어느 정도 실현되었다고 할 수 있다.

올해 2019년은 사파타가 죽은 지 꼭 100년이 되는 해이다. '토지와 자유'를 얻기 위한 사파타의 혁명 정신은 지금도 멕시코 민중들의 가슴 속에 살아있다.

참고문헌

〈체 게바라〉

구광렬, 『체 게바라의 홀쭉한 배낭』, 실천문학사, 2009.

길혀-홀타이 저, 정대성 역, 『68운동: 독일 · 서유럽 · 미국』, 들녘, 2006.

김영범, 『20세기 가장 완벽한 인간 체 게바라 vs. 대륙의 붉은 별 마오쩌둥』, 숨비소리, 2005.

리우스 저, 김용범 역, 『쿠바혁명과 카스트로』, 오월, 1988.

리우스 저, 이화영 역, 『체 게바라: 생애와 사상』, 오월, 1988.

마르티 저, 정진상 역, 『교육사상가 체 게바라』, 삼천리, 2018.

맥라렌 저, 강주헌 역, 『체 게바라, 파울루 프레이리: 혁명의 교육학』, 아침이슬, 2008.

미요시 도오루 저, 이수경 역, 『체 게바라 전』, 북북서, 2009.

박영욱, 『아름다운 혁명가 체 게바라』, 자음과모음, 2017.

앤더슨 저, 허진 외 역, 『체 게바라 혁명가의 삶 1』, 열린책들, 2015.

앤더슨 저(2), 허진 외 역, 『체 게바라 혁명가의 삶 2』, 열린책들, 2015.

오귀환, 『체 게바라, 인간의 존엄을 묻다』, 한겨레신문사, 2005.

유시민, 『거꾸로 읽는 세계사』, 푸른나무, 2005.

진달래 편집부 엮음, 『체 게바라의 일기』, 진달래, 1989.

체 게바라 저, 박지민 역, 『체 게바라 자서전』, 황매, 2005.

체 게바라 저, 이재석 역, 『라틴 여행 일기』, 이후, 2001.

체 게바라 저, 홍민표 역, 『모터사이클 다이어리』, 황매, 2012.

카스트로 외 저, 송병선 역, 『피델 카스트로 마이 라이프』, 현대문학, 2008.

코르미에 저, 은위영 역, 『체 게바라』, 시공사, 2005.

한종수, 『세상을 만든 여행자들』, 아이필드, 2010.

후안 게바라, 뱅상 저, 민혜련 역, 『나의 형, 체 게바라』, 홍익출판사, 2017.

Anderson, Jon Lee, *Che Guevara: A Revolutionary Life*, Grove Press, 2010.

Anderson, Jon Lee, "*Bones Now Seem to Prove that Che is Dead*." The New YorkTimes, July 5, 1997.

Anderson, Jon Lee, "*Where is Che Guevara Buried? A Bolivian Tells*," The New York Times, November 21, 1995.

James, Daniel, *Che Guevara: A Biography*, Stein and Day Publishers, 1969.

〈말콤 X〉

김도언, 『검은 혁명가 말콤 X』, 이룸, 2005.

성장환, "체 게바라와 말콤 X의 생애와 이들이 남긴 시사점," 초등교육연구논총, 제34집 2권, 2018.

콘 저, 정철수 역, 『맬컴 X Vs. 마틴 루터 킹』, 갑인공방, 2005.

파크스, 해스킨스 저, 최성애 역, 『로자 파크스, 나의 이야기』, 문예춘추사, 2013.

헤일리 기록, 김종철 외 역, 『말콤 엑스 상』, 창작과비평사, 1993.

헤일리 기록(2), 김종철 외 역, 『 말콤 엑스 하』, 창작과비평사, 1993.

Gormley, Beatrice, *Malcolm X: A Revolutionary Voice*, Sterling Pub. Co. Inc., 2008.

King, Steven, *Martin Luther King & Malcolm X: 50th Anniversary 1968 – 2018*, Createspace Independent Publishing Platform, 2018.

Malcolm X, *The Autobiography of Malcolm X*, Ballantine Books, 1987.

Myers, W. D., *Malcolm X: By Any Means Necessary*, Scholastic, 1994.

〈에밀리아노 사파타〉

강석영, 『라틴아메리카사』, 미래엔, 2001.

루이스 저, 이덕성 역, 『떼뽀스뜰란 마을』, 교문사, 1988.

마르코스 저, 윤길순 역, 『분노의 그림자』, 삼인, 1999.

멕시코대학원 엮음, 김창민 역, 『멕시코의 역사』, 그린비, 2011.

백종국, 『멕시코 혁명사』, 한길사, 2000.
이성형, 『라틴아메리카의 문화적 민족주의』, 길, 2009.
이성형, "멕시코의 정치적 부패: 원인, 결과, 함의," 라틴아메리카연구 vol.20 no.3, 2007.
이성형, 『IMF 시대의 멕시코』, 서울대출판부, 1998.
이준명, 『멕시코, 인종과 문화의 용광로』, 푸른역사, 2013.
임상래, "멕시코 정치문화의 이해," 외대논총, 제19집 3호, 1999.
임상래, "사파타혁명에 관한 소고: 지역성에 기초한 지방 혁명", 라틴아메리카연구, vol.15 no.1, 2002.
정경원 외, 『질문으로 풀어주는 멕시코』, 한국외대출판부, 2009.
조성권, "멕시코혁명(1910–1920) 동안 미국 개입의 영향과 성격," 중남미연구, 제17권, 1998.
크라우세 저, 이성형 역, 『멕시코 혁명과 영웅들』, 까치, 2005.
Brenner, Anita, *The Wind that Swept Mexico*, Univ. of Texas Press, 1971.
Cockcroft, J. D., *Mexico: Class Formation, Capital Accumulation, and the State*, Monthly Review Press, 1983.
Cumberland, C. C., *Mexican Revolution: The Constitutionalist Years*, Univ. of Texas Press, 1972.
Dan La Botz, *Democracy in Mexico*, South End Press, 1995.
Garfias, L. M., *The Mexican Revolution: A historic politico-military compendium*, Ediciones Lara, 1979.
Martinez, O. J., *Fragments of The Mexican Revolution*, Univ. of New Mexico Press, 1983.
Newell, P. E., *Zapata of Mexico*, Black Thorn Books, 1979.
Parkes, H. B., *A History of Mexico*, Houghton Mifflin Company, 1950.
Ross, S. R., *Is Mexican Revolution Dead?*, Alfred A. Knopf, 1966.
Simpson, L. B., *Many Mexicos*, Univ. of California Press,1966.
Tannenbaum, Frank, *Ten Keys to Latin America*, Vintage Books, 1966.
Womack, J., *Zapata and the Mexican Revolution*, Alfred A. Knopf, 1968.

저자 | 성장환 |

현재 대구교육대학교 윤리교육과 교수

경북대학교 정치외교학과, 미국 뉴올리언스대학교 대학원(정치학석사)과 경북대학교 대학원을 졸업(정치학박사)했다.
뉴올리언스대학교 정치학과 객원교수와 경북대학교 강사를 지냈으며, 대구교대 학생처장과 교육대학원장을 역임했다.

지은 책으로 『민주주의, 통일에 말 걸기』, 『통일과 북한으로의 산책』, 『북한과 통일의 이해』(공저), 『현대사회와 윤리』(공저), 『우리시대와 윤리』(공저), 『정치학의 이해』(공저), 『현대지방의회론』(공저) 등이 있으며, 옮긴 책으로 『라틴 아메리카』, 『여성과 정치개혁』(공역), 『연구방법』(공역), 『학습동기』(공역) 등이 있다.

다시보는 체 게바라, 말콤 X, 그리고 사파타

2019년 1월 25일 1판 1쇄 인쇄
2019년 1월 30일 1판 1쇄 발행

저 자 : 성 장 환
발행인 : 한 정 주
발행처 : 교육과학사

경기도 파주시 광인사길 71
전화 : (031) 955-6956~8팩스 : (031) 955-6037
Home-page : www.kyoyookbook.co.kr / E-mail : kyoyook@chol.com
등록 : 1970년 5월 18일 제2-73호

정가 10,000원

ISBN 978-89-254-1377-8

Printed in Korea.